中國貨幣政策對企業融資決策的影響：
基於貨幣政策傳導機制的分析與檢驗

馬文超 著

前言
企業融資決策研究的路徑

中國金融改革中的貨幣政策實踐與金融監督存在許多重大問題亟待解決。例如，金融體制中「國有獨大」的路徑依賴及資源配置效率的下降；又如，貨幣政策工具操作中對數量工具的依賴及操作的「合法性」問題；再如，企業進入和退出金融市場的合理性問題。在最近的一個市場化週期中，貨幣政策的效應以及經濟實體投融決策的現狀，值得進一步考察。因為這涉及眾多中小企業（小微企業）的生存與發展，進而決定創新的活力及經濟供給面的可持續性，將影響中國經濟的未來走向。

綜合梳理國內外的融資決策研究發現，已有文獻主要圍繞「MM」這一理論內核進行分析。從 Miller（1977）對個人所得稅與公司所得稅、DeAngelo 和 Masulis（1980）對非債務稅盾的分析，到 Jesen 和 Meckling（1976）對代理成本的解釋。從 Haugen 和 Senbet（1978）對債務融資所帶來的經營失敗的費用的論述，到 Smith, Clifford 和 Warner（1979），Leland（1994）等人對債權人保護問題的說明。相關研究探討了資金供求兩方面的摩擦對企業價值的影響，但研究的基本理論前提是存在一個穩定的社會經濟環境，外部的衝擊並未給予考慮。同樣的情況也存在於 Myers（1977）與其後繼者圍繞「融資優序理論」進行的研究。近年來，研究者關注了宏觀經濟背景對融資決策的影

響。例如，Levy（2007）以代理問題為研究重心，從資金需求角度分析了宏觀經濟對企業融資的影響；又如，Chen（2010）以債務稅盾和財務困境為切入點，從資金供給角度分析了宏觀經濟對企業融資的影響，但相關研究未對外部衝擊的具體作用方式給予分析。就理論對現實的解釋而言，主流的融資決策經驗研究存在許多不足之處，特別是在中國這一體制背景之下。例如，權衡理論認為債務稅盾的好處與債務破產的壞處須一併考察，然而經濟上行期債務融資的激進與下行期的去槓桿化讓這些觀點無所應對，加之政府的干預，理論就顯得與實踐漸行漸遠。

如何提升理論的解釋力成為中國當下融資決策研究的要義。正如羅蒂在「實在論」與「實用主義」的辨析中所指出的，20世紀的哲學研究已經表明「實在論」下對「客觀性」追求脫離了人類生活本身，而「實用主義」下對「團結性」倡導則讓更多的政治社會問題得以揭示。作為既強調理論更注重「實用」的一門社會科學，財務學解釋力的提升自然需要關注「團結性」，並將社會背景（體制背景）嵌入其中。這一要求使得對與財務決策相關背景的考察尤顯必要，而不僅僅是增添與社會生活相去甚遠的關於「自然規律」的客觀論證。顯然，這一判斷在融資決策實踐領域也是適用的。

考慮到融資決策理論研究的困境與出路，基於已有的宏觀金融研究成果，圍繞政策傳導進行企業外部環境考察將變得有效而可行。在貨幣政策傳導機制下，分析與驗證企業融資決策中的貨幣政策效應，有助於理清企業內外部摩擦對貨幣政策效應干擾的現實狀況，對於融資實踐、政策實施和監管具有重大的現實價值。

我們將重點考察貨幣政策變動影響企業融資決策時所受到的干擾因素。與以往大部分研究不同，本書具有以下特點：

①研究將企業融資決策與外部政策變化相結合，視角獨特；②將新凱恩斯主義關於市場摩擦的分析納入兩者關係的考察，擴展了融資決策研究的內容；③採用結構方程對政策的時滯、宏觀政策與微觀決策的關係進行深入分析，改變了研究方法單一的現狀。

我們的研究成果或許有助於企業融資決策，或許有助於金融監管，或許有助於金融領域的頂層設計和底層創新，但是可操作的對策與方法還需進一步的「政治參與和利益辯護」。這些將成為我們今後在此總體框架下努力改進的方向和重點。

中文摘要

企業融資決策研究可以概括為：在融資方式和渠道方面為了企業成本最小或利潤最大所從事的理論分析與證據收集，其中一個主要方面表現為對各種決策影響因素的考察。在以往研究中，學者主要側重微觀角度或行業角度的分析和論證，近年來，專家、學者的視角轉向了宏觀方面的因素。這種轉向既體現了外部金融經濟背景對企業融資決策干擾現實狀況，也是學者力圖突破以往研究困境的必然結果。

鑒於近十年來中國金融市場發展及其對企業金融的深入影響，以及近年來金融經濟危機對企業經營深度干擾，本書重點考察了中國企業融資決策中貨幣政策變化的影響，具體通過貨幣政策傳導機制來分析和論證貨幣政策影響的途徑和後果。由於市場摩擦的存在，貨幣政策對企業融資決策的影響便不僅僅表現為「貨幣渠道」，而且「信用渠道」的作用在中國也尤顯重要。因此，本書重點考察了三個方面的內容：

一是信用渠道下的銀企關係。該部分主要關注貨幣政策通過信用渠道對企業融資決策的影響，其中包括「信息不對稱」引起的信用渠道的基本傳導方式，以及相應的信貸配給問題。

二是企業內部的代理問題對信用渠道下銀企關係的干擾。該部分主要關注信用渠道對企業融資決策影響時的異常情況，其中包括「代理成本」及其表現形式——費用黏性引起的融資

異象。

三是貨幣渠道下企業的權益融資對信用渠道下的債務融資的替代。該部分主要關注貨幣渠道下貨幣政策變化與企業股票融資間的相關性，其中包括貨幣政策變化時企業的市場擇機行為是否基於股票價格的變化，以及這一股票市場的融資對債務市場融資替代的可能性。

此外，考慮到以上研究中可能存在的問題——代理變量問題和制度背景問題，本書的研究中還包括了以下兩個部分：

一是貨幣政策變動與企業融資決策的基本關係考察。在研究的第3章中，將會採用總量序列進行分析。

二是中國服務於行業發展的信貸政策操作對企業融資決策的影響。在本書第7章中，將會圍繞行業前景預期導致的潮湧現象進行分析和驗證。

上述研究的基本結論是：中國的貨幣政策和信貸政策顯著影響著企業的融資決策。其中，貨幣政策的影響主要通過信用渠道發揮作用，貨幣渠道也起到補充性的作用；信貸政策則與行業企業的債務具有顯著的關聯。第4章研究發現，信用渠道下的「信貸監管」和「信貸配給」引起融資約束較大的企業（中小企業）在貨幣政策緊縮期被動下調債務融資，在貨幣政策寬鬆期也不能得到相對較多的債務資金。這與經典的信用渠道理論（即融資約束較大的企業在貨幣政策寬鬆期會得到相對較多的債務資金）不符。這一結果與中國自主的政府信貸監管和自然的市場信貸配給有關，但還源於企業內部代理問題對信用渠道的干擾和貨幣渠道對信用渠道的替代，第5、6章的「費用黏性影響著企業估值和銀行信貸供給」「貨幣政策、股票市值與權益融資三者存在關聯性」，這些經驗證據均給予了支持。第7章研究發現，由於行業前景的趨同性預期，「潮湧現象」會引起實踐中信貸供給和信貸需求的行業集聚現象，而且這種想像更

多地出現於中小企業（或非國有企業）。

圍繞本書中發現的問題，本書提出了以下對策建議：

（1）企業融資決策方面。如果在既定金融體制下，中小企業遭受的信貸歧視短期內難以改觀，那麼中小企業或相關企業所面臨的這一融資約束就應該受到高度重視，企業在其財務預警中應該將外部的貨幣環境作為關鍵變量，使得預算與管理受融資決策的影響降到合理的範圍內。

（2）銀行信貸供給方面。銀行在信貸決策中應該關注企業的信息披露狀況，而不僅僅是「抵押價值等」事後違約補償能力方面的狀況。在金融市場摩擦普遍存在，特別是在中國特定的金融體制下，對金融風險的關注顯得尤其必要和緊迫。經驗證據顯示信息不對稱下信貸歧視普遍存在，為了減少信息不對稱，優化金融資源的配置，這要求銀行必須將通過企業信息收集、共享以實現銀企合約的有效簽訂。因此，關注企業的信息披露狀況、合理構建信息交流平臺成為今後的必然之舉。

（3）政府行業管制方面。如果不寄希望於短期的金融體制改革，那麼政府監管中的操作就顯得尤其重要。證據表明金融市場中企業從事著替代性的消費（資金需求），銀行債務融資困難時，公眾股票融資成為另一融資方式。在信貸市場出現問題時，培育一個企業可以進入和退出的證券市場就成為政府的第一要務。

證據表明，產業發展中的「前景預期趨同」現狀，金融寬鬆時企業融資需求中的「群體盲從」現象均可能會出現於缺乏引導的中小企業。因此，在今後的可預期的時段內政府必須將自身的精力從國企中轉移一部分，為更多的市場主體服務。

總體而言，本書的設計、實施和相關發現既拓展了融資決策理論，又豐富了企業融資決策的實踐，同時對於中國企業、政府的金融政策制定與實施起到了重要的借鑑價值。

此外，本書中存在一些不足之處。例如，數據的收集僅以上市公司為依據，可能會帶來經驗結論的偏誤；又如，在「內部摩擦對政策效應的干擾」的分析中，僅僅考察了部分代理成本表現形式的影響，可能與已有研究存在重合之處。本書主要關注了企業內部的代理問題，公司治理領域和資本結構領域均存在大量的文獻考察代理問題對企業價值的影響，我們僅將這一影響的一個方面（費用黏性：費用的非對稱調整）納入銀行與企業簽訂債務合約時的估值中，以考察這種估值影響對銀企信息不對稱的干擾作用，由於已有研究中更多地將代理問題的後果與信息不對稱的後果合併處理，加之代理問題涉及公司治理等更廣泛的層面，本書的這一處理方式是否合理還需理論上的進一步探討。當然，在今後的研究工作中，我們將進一步沿著已有的思路和邏輯給予補充和完善。

關鍵詞： 貨幣政策　傳導機制　信貸政策　融資決策

英文摘要

The research on financing decision can be concluded as analysing and testing financing tools and channels which is selected for minimizing cost and maximizing income. A main work about it is testing factors which affect financing decision. Researchers have analysed and tested in micro and industry view, recently macro factors were researched. As a whole, External finance and economic setting would affect financing decision, and scholars are striving to break studying positions in the past.

Last decade, financial market developed rapidly and affected enterprise'finance deeply. Recent, finance and economic'crisis disturbed enterprise'business. So, we will research the effect of monetary policy to enterprise' financing decision, we will focus on monetary policy' channel of transmission and relative effect. Because both monetary channel and credit channel play an important role in enterprise' financing decision, especially credit channel, we first and foremost research three contents.

Firstly, the relationship of bank and enterprise was tested. Credit channel play an important role in enterprise' financing decision. In which 「information asymmetry」 lead to the specific way of credit channel' transmission and some problems of credit rations.

Secondly, agency problem affecting the relationship between bank and enterprise was tested. Abnormal phenomena of enterprise' financing decision in credit channel of transmission was researched. In which 「agency cost」 and Manifestation of agency cost—fee stickness would leed to abnormal phenomena.

Thirdly, replacement of ententy financing in monetary channel to debt financing in credit channel was tested. The change of monetary policy would affect enterprise' stock financing under monetary channel of transmission. Stocks' price would change when monetary policy changes and substruction of stock market to debt market would exist.

Besides, choosing variable in model and System Background would affect rasearches narrated above, two contents was analysed and tested.

Firstly, the fundmental relationship of monetary policy' change and enterprise' financing decision was tested. The method used is Analysis of Aggregate Time Series in third chapter.

Secondly, credit policy acted for industry'development would affect enterprise' financing decision. Research was designed by 「wave phenomenon」 based on Anticipation of industries in seventh chapter.

The fundamental conclusion of studying as narrated above is that monetary policy and credit policy affect enterprise'financing decision notablely in china. Credit channel play an important role in the effect of policy to financing decision, besides monetary channel does Complementry, credit policy affect debt financing decision of industry'enterprises notablely. The empirical results demonstrate that 「credit regulation」 and 「credit ration」 under credit channel leed to restrained enterprise decreasing debt financing when monetary policy is tighten, while can not increase their debt when monetary policy is relax (In fourth chapter). This result is not Coincide to credit channel of transmission. Additionally empirical results demonstrate that fee stickness would affect enterprise' value and bank' credit supply (In fifth chapter), and that monetary policy is related to stock' value and enquty financing (In sixth chapter), these proof support the view that agency problem would disturb credit channel and monetary channel would Complement credit channel. Besides, empirical results demonstrate that 「wave phenomenon」 based on Anticipation of industries would affect credit policy and industry'enterprises financing, especially restrained enterprises (In seventh chapter).

The paper gives us some advice based on above problems being found:

(1) In enterprise'financing decision. Middle and small enterprises face credit discrimination under System Background of china. So these enterprises should pay more attention to financial restrains, they ought to look monetary policy as a key variable in their financial early warning models, it will let enterprise make an best buget and management effectively.

(2) In bank' credit supply. It must pay more attention to enterprise' condition of Information disclosure though bank should focus on enterpris' collateral value. As frictions exist commonly in financial market in china, it is necessary and urgent for banks to deal with financial risk. So banks ought to cellect and communicate enterprise' information to Optimize Contraction between bank and enterprise.

(3) In government'industry regulation. If financial system background can not be reformed recently, it is necessary for government to regulate capital maret reasonablely。 The empirical results demonstrate

that enquty financing is an important financing way for enterprise. So government first and foremost must cultivate stock market when frictions exist credit market.

The empirical results demonstrate that 「wave phenomenon」 based on Anticipation of industries would affect industry'enterprises financing, especially restrained enterprises. So government should pay more attention to restrained enterprises and lead these enterprises to finance reasonablely.

Above all, the design and carrying out of this research not only deepen thoreies of financing decision but also guide practice of enterprises, while enterprise and government'financial policy can be maded by this research.

However, there are some defections in this research. For example, data is collected from listed company for testing, The empirical results may be deviate; another example, agency problem affect the relationship between bank and enterprise, but the paper only tested fee stickness' role and other factors were not considered. But agency problem affecting enterprise' value was researched in capital structure field, corporate governance field, and so on. In evidence, lot'of jobs should be done by the paper'logic structure in future.

Keywords: monetary policy; channel of transmission; credit policy; financing decision

目　錄

1　緒論 / 1
　1.1　本書的背景與意義 / 1
　　1.1.1　本書的背景 / 1
　　1.1.2　本書的意義 / 2
　1.2　基本思路與邏輯結構 / 3
　1.3　創新點與不足 / 10
　　1.3.1　創新之處 / 10
　　1.3.2　不足之處 / 12

2　企業融資決策理論綜述 / 13
　2.1　國外融資決策理論的發展評述 / 13
　　2.1.1　微觀視角 / 14
　　2.1.2　宏觀視角 / 16
　　2.1.3　貨幣政策視角 / 19
　2.2　國內融資決策研究的評述 / 22
　　2.2.1　微觀視角 / 22
　　2.2.2　宏觀視角 / 23

2.2.3　貨幣政策視角 / 24

2.3 概念界定和理論模型介紹 / 25

　　　2.3.1　基本概念 / 25

　　　2.3.2　經典理論模型 / 27

2.4 本章小結 / 35

3　貨幣政策對企業債務融資的影響：總量序列分析 / 36

3.1 貨幣政策變化與企業融資決策 / 37

　　　3.1.1　主要研究回顧 / 37

　　　3.1.2　理論分析 / 42

3.2 VAR 模型設定和政策衝擊的經驗考察 / 45

　　　3.2.1　變量選擇與模型設定 / 45

　　　3.2.2　樣本選擇及數據說明 / 49

　　　3.2.3　實證結果 / 51

3.3 融資決策相對政策變動的滯後性 / 57

4　信用渠道下的融資決策：信息不對稱 / 59

4.1 信息不對稱對融資決策的影響 / 61

4.2 信用渠道及相關假設 / 64

4.3 線性模型設定和資本來源的經驗考察 / 67

　　　4.3.1　事件考察 / 67

　　　4.3.2　變量選擇與模型設定 / 78

　　　4.3.3　實證結果 / 82

4.4 本章小結 / 106

5 信用渠道下的融資決策：代理成本 / 110

- **5.1** 代理成本對融資決策的影響 / 111
- **5.2** 代理成本的表現形式及其對信用渠道的干擾 / 113
- **5.3** 線性模型設定和基於「費用黏性」的經驗考察 / 117
  - 5.3.1 變量選擇與模型設定 / 117
  - 5.3.2 實證結果 / 120
- **5.4** 本章小結 / 130

6 貨幣渠道下的融資決策：股票市場對信貸市場的替代 / 131

- **6.1** 市場時機與企業權益融資 / 133
- **6.2** 貨幣渠道下股票市場對信貸市場的替代 / 134
- **6.3** 「仲介效應」模型設定和經驗考察 / 138
  - 6.3.1 變量選擇與模型設定 / 138
  - 6.3.2 樣本選擇與數據說明 / 141
  - 6.3.3 實證結果 / 142
- **6.4** 本章小結 / 152

7 信貸政策對企業融資決策的影響：基於行業前景預期的考察 / 154

- **7.1** 主要研究回顧 / 156
- **7.2** 行業前景預期對信貸及融資的影響 / 158
  - 7.2.1 現實背景 / 158
  - 7.2.2 理論分析 / 160
- **7.3** 線性模型設定和經驗考察 / 163
  - 7.3.1 研究設計與樣本選擇 / 163
  - 7.3.2 實證結果 / 168

    7.4 本章小結 / 176

8 結論和建議 / 179

    8.1 主要結論 / 179

    8.2 主要對策建議 / 181

參考文獻 / 183

致謝 / 196

1　緒論

1.1　本書的背景與意義

1.1.1　本書的背景

2008 年以來的國際金融危機使得中國的經濟下挫並迅速觸底。2008 年 11 月積極的財政政策和適度寬鬆的貨幣政策出抬，2009 年 1~5 月新增貸款達到 5.8 億元。然而，在 2007 年 12 月「穩健的財政政策、從緊的貨幣政策」還被政府所倡導。顯然，這種大轉變體現了政府在危機影響下擴大銀行貸款供給的決心，期望貨幣政策的實施有助於經濟運行趨勢的反轉。近年來，類似的政策調整還出現於 2004 年的第二季度。

中國的貨幣政策發生了變化，其對企業的實際衝擊如何？企業的資本結構最終會受到多大的影響？這不僅有助於對融資決策現狀的解釋，而且是決定宏觀政策有效與否的關鍵。

國內存在關於貨幣政策傳導機制的考察，但未涉及企業資本結構在特定經濟時期的變動狀況。利率管制背景下貨幣政策傳導機制研究表明，貨幣渠道運轉並不順暢（周英章、蔣振聲，2002；王國松，2004；蔣瑛琨、劉豔武、趙振全，2005；索彥峰、範從來，2007）。事實表明，傳統的貨幣渠道理論難以完整

地解釋與投資相伴的融資現象。關於貨幣政策影響企業融資決策的國內相關研究，陸正飛等採用「銀行家信心指數」代理緊縮政策，重點考察緊縮期（2004年度）信貸資金的配置，經驗證據表明民營企業受到信貸歧視，成長性較高反而獲取的信貸資金較少（陸正飛、祝繼高、樊錚，2009；葉康濤、祝繼高，2009）。在曾海艦和蘇冬蔚（2010）的研究中，作者採用雙重差分估計法考察1998年信貸擴張與2004年信貸緊縮的影響，發現1998年信貸擴張後，規模小、民營化程度高及擔保能力弱的公司獲得了較多的銀行資金；而2004年信貸緊縮後，三類公司的有息負債率顯著下降，同時，公司應付款項顯著增加。證據顯示，特定的貨幣政策在中國會通過信用渠道影響企業的融資。

就理論研究而言，國內主流的宏觀金融和企業融資決策研究對「貨幣政策與企業融資決策的關聯性問題」涉獵較少。在為數不多的融資環境研究中，往往將宏觀因素視為企業融資決策中穩定的外在條件，或僅僅關注於如何對宏觀干擾進行控制，缺乏精致的分析過程。具體到貨幣政策傳導與企業融資的關聯分析，國內的研究為數不多。

1.1.2 本書的意義

（1）本書將為企業融資決策的分析性研究（宏觀影響因素方面）提供基本的經驗材料

在近期構建的宏觀因素模型中，研究者通過「稅盾、破產費用、代理成本」的權衡分析，解釋資本結構的選擇，宏觀衝擊作為影響企業投資或風險狀態的變量被加入模型（Levy, 2007；Chen, 2010）。本書通過考察資本結構的變動狀況，分析商業週期不同階段（經濟上行期和經濟下行期）貨幣政策的效用，將為企業融資決策的影響因素分析提供額外證據。

（2）本書將為公司融資實踐提供重要的指導

主流的融資決策理論基於嚴格的假定解釋企業資本結構狀況，導致理論預測與現實經驗不符（姜國華等，2011）。考察貨幣政策對企業融資決策的影響，特別是信用渠道的干擾因素的影響，將有助於各類企業（所有制、規模等不同的企業）融資決策的實踐，為企業財務風險分析和預警工作提供有效的指導。

（3）本書對於貨幣政策實施和有效監管具有重大現實價值

關注貨幣政策傳導機制，本書將理清企業內外部摩擦對貨幣政策效應干擾的現實狀況，有助於解決中國金融改革中貨幣政策與金融監督方面的許多重大問題。例如，銀企信息不對稱的解決思路、公司治理與代理成本在債務合約簽訂中的意義、股票市場高效運作對企業的現實意義，等等。

1.2　基本思路與邏輯結構

正如阿瑪蒂亞森所言，理論研究如同修剪花園。起初人們尋求精致的、簡約的理論工具，以「方便地」觀測現實；而實踐工作將迫使一個領域內諸多工具與方法的融合。修剪、培育的花園最終還是不及生活中雜生的「百草園」讓我們愜意。因此，如何有效地將精致的微觀理論與現實的宏觀背景相結合，同樣是資本結構研究者有趣而又卓越的一項工作。

宏觀因素影響企業融資決策的理論研究分為三類：分析權益市場價值波動的企業「市場擇機」行為研究（Lucas & McDonald，1990；Choe et al.，1993；Korajczyk & Levy，2003）；融資約束假設下的企業抵押物價值分析及順週期槓桿水平的權衡模型研究（Kiyotaki & Moore，1997）；圍繞融資優序理論對企業順週期債務發行的分析和驗證（Korajczyk & Levy，2003；蘇冬蔚、

曾海艦，2009）。這些文獻將宏觀因素視為企業融資決策中穩定的外在條件，理論分析嚴格依賴於企業融資決策的微觀理論。

　　從貨幣政策角度看，與債務市場直接相關的是利率調整和信貸供給，涉及貨幣政策的傳導機制。早期的「凱恩斯學派」和「貨幣主義」將分析建立在「完全信息」之上，僅通過利率和貨幣量來考察投資的擴張，其（「貨幣渠道」）對政策短期內的效果缺乏解釋能力。然而，「新凱恩斯主義」在「信用渠道」下對信用渠道、信貸配給和企業資金約束的具體分析，使得貨幣政策的短期影響得到合理的解釋和預測（Stiglitz & Weiss, 1981; Bernanke & Blinder, 1988; Gertler & Gilchrist, 1993, 1994）。

　　Modigliani 和 Miller（1958）認為，如果不同方式的資本供給是無限的，那麼債務水平便僅僅取決於企業的需求。然而，債務市場的供給狀況對企業的借款能力產生約束。首先，實務工作者確實將供給狀況視作資本結構決策的重要影響因素（Graham & Harvey, 2001; Titman, 2002）。其次，經驗證據表明不同類型的企業面臨不同的資金供給環境。Gertler 和 Gilchrist（1993, 1994），Faulkender 和 Petersen（2006），Leary（2009）分別發現，貨幣政策會影響不同類型企業的短期債務融資、債券發放和長期債務水平。因此，對企業融資摩擦的考察應該具體分析金融政策與供給摩擦方面的影響。

　　在 2003 年以來的金融業股份制改革、新近的商業週期等多重背景下，深入論證貨幣政策對企業融資決策的影響，特別是考察干擾信用渠道的企業內外部因素，將成為此類研究的趨勢之一。

　　逆週期而行的政策操作，它的作用方式或傳導機制會對資本結構選擇的各類影響因素產生干擾，這正是我們從宏觀、實踐、綜合的角度進行企業融資決策研究的另一出發點。

首先，企業融資決策的宏觀研究基於資本結構選擇的微觀理論展開，將宏觀因素視為企業決策的外部條件，使得在「混合經濟」中對企業融資決策的研究缺乏對經濟政策的考察；其次，貨幣政策通過信用渠道和貨幣渠道影響企業的融資決策，近年來信用渠道在中國貨幣政策傳導中發揮著主導作用（索彥峰、範從來，2007；楊子暉，2008），但是，對信用渠道影響企業融資決策的具體方式缺乏深入分析和論證。於是本書將本著以下目標進行設計：① 理清影響企業融資決策的貨幣政策方面的因素，探尋貨幣政策衝擊的基本形式；② 深入考察信用渠道的干擾因素在企業融資決策中的作用；③ 論證信貸政策的決定因素及其對信用渠道的影響，揭示中國信貸政策的經濟含義。

基於此，我們初步形成研究的技術路線，如圖 1.1。延續「新凱恩斯主義」傳統，我們注重對政策實施中的市場摩擦進行分析。基於信用渠道理論，本書擬關注四個方面的干擾因素：一是體現於信用渠道的信息不對稱；二是來自於企業內部的代理問題及其引起的費用黏性（費用相對收入的非對稱調整）；三是貨幣渠道對企業在證券市場上「擇機」融資的影響及其對信用渠道的替代；四是行業前景預期趨同導致的潮湧現象對信貸政策和信用渠道的影響[①]。

同時，主流（微觀領域）資本結構研究表明，企業的財務狀況及相應的融資需求會影響企業融資決策。在圍繞信用渠道的干擾因素研究貨幣政策衝擊時，將對相關變量進行控制。

[①] 中國的利率市場化有待持續深入，信貸政策及指標變動與利率和貨幣供給量的關聯度較低，於是有必要獨立分析信貸政策的產業發展動因及其對信用渠道的影響。

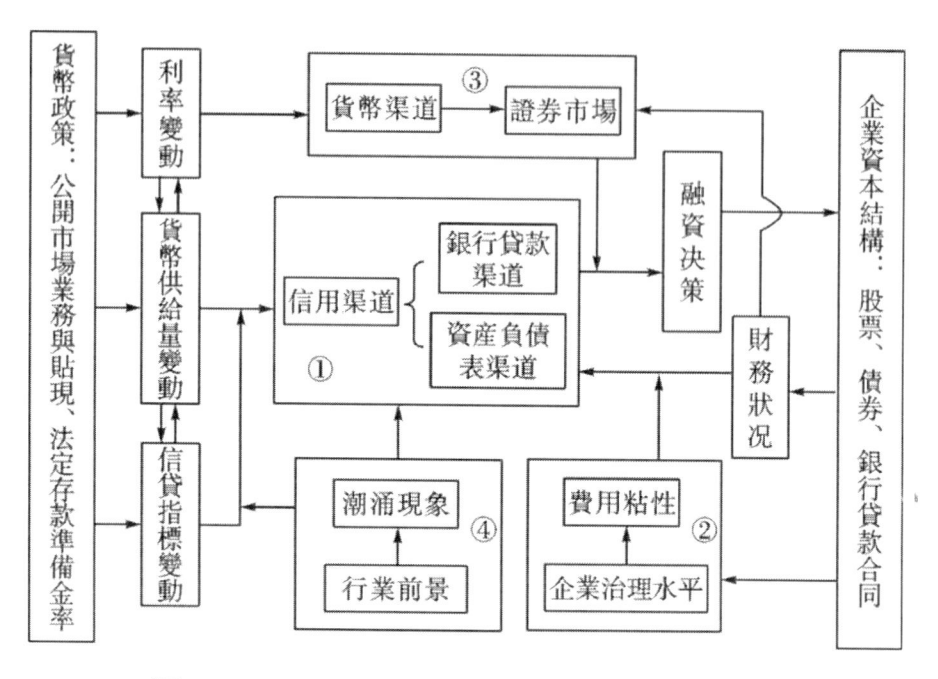

圖 1.1 「信用渠道干擾因素」研究的技術路線圖

圖1.1註：①中國貨幣政策的傳導渠道之一——信用渠道，由於銀行與企業之間的信息不對稱，導致不同企業的銀行債務融資出現差異；②為企業治理水平及其後果對信用渠道的干擾；③在另一貨幣政策傳導渠道——貨幣渠道下，由於證券市場的融資成本變化，證券市場融資對銀行信用渠道的替代；④為行業前景預期對信用渠道的影響。圖1.1中，虛線箭頭表示企業資本結構對應的治理機制，資本結構決定的財務狀況所引起的融資需求，以及行業前景預期、貨幣政策仲介變量變動對國家信貸政策制定的影響。例如，為了配合產業政策，引導資金向鼓勵和扶持的行業流動，實施貸款貼息政策；又如，為了實現貨幣供給量目標，信貸方面可以實施影響貨幣乘數和貨幣流動性的信用政策。這些內生性因素，將在上述四部分的研究中進行控制。

按照上述研究背景和思路，具體的研究將涉及以下內容：

（1）貨幣政策影響融資決策的基本經驗證據：政策代理變量選擇

考察宏觀政策與微觀決策的關係時，選擇政策的代理變量尤其關鍵。在貨幣政策影響企業融資決策的研究中，確定政策變化與企業決策的基本動態關係，有助於政策代理變量的選擇，被解釋變量滯後期的確定。本部分研究將為隨後的「干擾因素」考察提供基本經驗證據和研究策略。具體研究中，首先回顧宏觀金融領域與融資決策相關的文獻，並理論分析中央銀行、商業銀行、企業三者之間的金融聯繫；其次以新近的商業週期下的季度總量數據，採用「向量自迴歸技術」（VAR）進行經驗觀察。

貨幣供給量、信貸指標的變化、企業財務狀況的變化，與債務融資的調整應具有顯著的一致性，同時，微觀變量的調整相對宏觀政策應具有一定的時滯；而且債務融資的調整將隨企業規模等的不同而不同。貨幣總量指標、信貸指標可以作為企業融資決策研究中貨幣政策的代理變量。

（2）信用渠道與融資決策：信息不對稱

在銀行和企業面臨信息不對稱時（信用渠道下）貨幣政策如何影響企業的融資決策？借鑑 Bernanke 等人（1988，1995）的貨幣理論與政策研究方法，分析貨幣政策變化時，銀行的資產負債變化和企業的資產價值變動，並探究這些變動對企業融資決策的影響。此外，信用渠道具體通過銀行貸款渠道和資產負債表渠道影響企業銀行債務的獲得，其中，「信貸配給」理論（Stiglitz & Weiss, 1981）是分析的基礎。具體研究中，基於新近商業週期下的上市公司的資本結構狀況，通過構建線性方程，採用 OLS 方法、面板數據分析方法，經驗考察信息不對稱對政策效應的干擾。

信用供給中的摩擦會對企業的資本結構產生系統性的影響。當貨幣政策緊縮時（貨幣供給量變動，特別是信貸指標變動時），

融資受約束企業與未受約束企業的資本結構差異將驗證信用渠道及信貸配給理論；然而，在政策寬鬆時，資本結構的調整可能會與「信用渠道」的預測並不一致。這要求我們進一步分析貨幣政策寬鬆時，來自其他方面的影響，如內部代理成本的干擾。

(3) 信用渠道與融資決策：代理成本

企業部分締約者之間存在代理關係並發生代理成本時，貨幣政策如何影響企業的融資決策？基於 Jensen 和 Meckling (1976) 的研究，分析代理成本對政策效應的干擾，並考慮不同代理關係和表現形式，分類論述貨幣政策傳導機制與企業融資的關係。具體而言，管理者的機會主義及委託人制衡力量的缺乏，代理問題將使費用呈現黏性 (Anderson et al., 2003)，進而導致經營困難。與費用黏性相關的經濟後果將引起銀行貸款渠道與資產負債表渠道作用方式的調整。參照費用黏性的經濟含義，「費用—收入敏感性」指標可以用來間接測度不同利益相關者的代理成本。具體研究中，構建線性方程模型，採用中國上市公司 2006—2009 年（初步考察發現，2006—2007 年度貨幣政策偏緊；2008 年第四季度和 2009 年度貨幣政策寬鬆）的季度數據，考察信貸政策變化時代理成本的代理變量——費用黏性、費用收入敏感性對債務融資的影響。

在貨幣政策寬鬆時（貨幣供給量變動，特別是信貸指標變動時），費用黏性越大，銀行債務越少；由於機會主義在信貸中的影響，資本密集度較小時（即資產特徵的影響較小）費用黏性的影回應更加顯著。

(4) 貨幣渠道與融資決策：股票市場對信貸市場的替代

無摩擦市場中（貨幣渠道下）貨幣政策如何影響企業的銀行債務融資？雖然中國的金融市場以銀行體系為主，股票市場發展相對滯後，但是金融深化的持續使得貨幣渠道的作用不容忽視。蔣科 (2009) 通過分析 1998—2008 年的數據，發現在中

國貨幣政策能夠同時通過貨幣渠道和信用渠道影響通貨膨脹，且通過貨幣渠道影響經濟增長率。此前，唐國正和劉力（2005）研究發現，利率扭曲影響債務價值，優質上市企業股權融資相對於債務融資在特定時期具有顯著的成本優勢。同時，易綱和王召（2002）、王虎和範叢來（2008）、周暉（2010）等分析和論證了金融資產價格對於通貨膨脹與經濟增長的作用方式。以上研究顯示，「貨幣渠道」下基於利率和貨幣供給的政策傳導機制在中國具有特殊的地位，其具體作用方式仍需進一步考察。

以新古典貨幣理論和政策框架（IS-LM）為基礎，分析貨幣政策對企業融資的影響方式，並結合資本結構文獻中「市場擇機」行為研究（Lucas & McDonald, 1990; Choe et al., 1993; Baker & Wurgler, 2002; 才靜涵和劉紅忠, 2006），考察貨幣政策變更時企業債務融資成本的相對變化，企業在證券市場替代性融資的可能性。具體通過構建「仲介效應」檢驗模型，考察市盈率或股價指標在貨幣政策變更與各類權益融資之間的仲介作用，論證貨幣渠道對信用渠道替代的可能性。

利率變動或貨幣供給量變動（貨幣渠道下的政策代理變量）可能會對企業融資產生顯著的影響，但是並不直接體現於企業的銀行債務融資，而體現為證券市場的權益融資。

（5）考察債務融資的「潮湧現象」：行業前景預期對信用渠道的影響

新興市場的「潮湧現象」如何影響信貸政策與信貸決策？中國的利率市場化有待持續深入，「信貸政策及指標變動」與「利率和貨幣供給量」的關聯度較低。前者服務於經濟結構調整，而後者側重於總額，且信貸政策更多地服務於產業發展。基於林毅夫（2002，2007）的分析，對於一個處於快速發展階段的發展中國家，在產業升級時，企業所要投資的是技術成熟、產品市場已經存在、處於世界產業鏈內部的產業，企業很容易

對新興、有前景的產業產生共識，投資上容易出現「潮湧現象」（未遵循企業自身的比較優勢），同時金融機構在「羊群行為」的影響下也樂意給予這些項目金融支持。具體研究中，結合有關行業分析的早期資本結構研究（Bradley, Jarrell 和 Kim, 1984），控制與產品競爭及營運環境相伴的財務風險，構建線性方程模型，採用行業企業數據，考察新興行業企業的融資變量與信貸指標變動的關係，特別是行業前景預期對這一關係的強化作用。

在特定的行業發展規劃下，信貸政策的傾向性及銀行對特定行業企業信貸量的系統性支持會導致此類企業面臨的融資約束大大降低。然而，信貸供給寬鬆時不同類企業的融資需求並不一定同時放大，對於缺乏政策引導的中小企業，行業前景預期的趨同、債務融資上的群體盲從，將引起這類行業企業的融資需求被寬鬆的信貸供給放大。等到每個企業的投資完成後，可能會出現產能嚴重過剩，企業大量虧損破產，銀行呆帳將急遽上升。

1.3 創新點與不足

1.3.1 創新之處

已有理論框架強調成本收益的權衡，或注重基於資金需求的信息不對稱分析。而新的理論框架從資金供給的角度進行考察，圍繞貨幣政策傳導機制理論，特別是信用渠道理論，分析政策傳導的干擾原因。

（1）提供融資決策研究的新視角

研究將企業融資決策與外部政策變化相結合，視角獨特。重點考察逆週期操作的貨幣政策對企業融資決策的影響，將新

凱恩斯主義關於市場摩擦的分析系統納入企業融資決策研究，將宏觀背景與微觀決策有機結合，有效地實現了資本結構理論研究的宏觀與微觀相結合。

(2) 擴展貨幣政策傳導機制的研究

由於早期受凱恩斯主義和貨幣主義研究的影響，宏觀金融領域的貨幣政策研究基本上基於 IS-LM 框架中市場無摩擦的假定進行，即使新凱恩斯主義側重市場摩擦的分析，部分實證研究者仍然僅僅關注政策與投資的基本關係，缺乏對融資中的摩擦因素進行解釋。本書重點考察貨幣政策變動與融資決策，特別是微觀主體的融資決策，這豐富了貨幣政策傳導機制研究的內容，一定程度上也提供了檢驗政策效應的新方法，即判斷政策變化後企業融資決策的變化，而不是僅僅考察投資總量及結構的變化。

(3) 深化對公司治理中債權人保護的研究

傳統的資本結構研究中，從財務預警、企業破產預測的角度對債權人保護進行研究，嚴重依賴於會計信息分析，一定程度上側重於業務面的考察。本書基於公司治理研究的基礎理論——代理問題和信息不對稱理論，深入考察信息不對稱引起的信貸風險，由投資者保護機制研究轉向債權人保護機制的分析，豐富了公司治理領域債權人保護研究的證據。

(4) 解釋經濟轉型國家新興行業企業的銀行債務融資特徵

已有行業企業債務融資的研究，主要關注行業企業經營特徵與戰略模式對其債務融資的影響，缺乏對行業企業特徵的形成原因進行分析。結合中國新興市場特徵，本書對行業預期、融資聚類問題的考察，不僅關注制度本身，更關注經濟主體的行為特徵，為傳統信貸政策研究提供了新的視角；同時，本書也為行業企業資本結構理論的應用背景提供了清晰解釋。

1.3.2 不足之處

數據的收集僅以上市公司為依據，可能會帶來經驗結論的偏誤。研究注重考察貨幣政策變更與企業債務融資之間的基本關係，相關變量的界定及其關係分析對於探討中國金融實踐具有普遍的指導意義。然而，代理變量的選取基本以中國深、滬兩市的 A 股非 ST 公司財務數據為基礎，考慮到中國資本市場准入與運作的特殊性，如上市資格指標地區分配問題，又如中國證監會發行審核委員會的「只審不管」問題，再如處理違規企業時的行政問責而非司法處罰等，這些問題使得本書的代理變量選擇可能會存在偏誤，這將使本書中的基本關係認定存在一定的風險。

本書在「內部摩擦對政策效應的干擾」的分析中，僅僅考察了部分代理成本表現形式的影響，可能與已有研究存在重合之處。在信用渠道下考察貨幣政策與企業融資決策的關係，本書主要關注銀企之間的信息不對稱和企業內部的代理問題兩個方面。就第二個方面而言，公司治理領域和資本結構領域均存在大量的文獻考察代理問題對企業價值的影響，我們僅將這一影響的一個方面（費用黏性：費用的非對稱調整）納入銀行與企業簽訂債務合約時的估值中，以分析和驗證這種估值影響對銀企信息不對稱的干擾或惡化作用。由於已有研究中更多地將代理問題的後果與信息不對稱的後果合併處理，加之代理問題涉及公司治理等更廣泛的層面，本書的這一處理方式是否合理還需理論上的進一步探討。

2 企業融資決策理論綜述[①]

2.1 國外融資決策理論的發展評述

國外的資本結構理論研究涉及稅、破產成本、代理成本、

[①] 本部分側重「權衡」視角的文獻回顧，這一安排主要是為了在權衡視角下凸顯貨幣政策效應考察的重要性。企業融資決策的相關研究，也可以從微觀金融、產業經濟、宏觀金融三個領域進行分類。第一個領域的代表性成果是權衡理論、融資優序理論，分別側重微觀層面的效益分析、信息考察；第二個領域的代表人物是 Showalter, James 和 Lewis（Showalter, 1995；James & Lewis, 1986），在產業經濟理論下考察產品市場競爭環境、公司戰略以及資本市場環境等對資本結構決策的影響，側重產品市場競爭分析；第三個領域關注貨幣政策傳導機制的有效性，相關理論是貨幣渠道理論和信用渠道理論，側重金融體制分析與貨幣政策效果考察。前兩個領域的研究較多且結論顯著，為實踐操作和理論認識提供了方略，但是第三個方面的研究並不多見，國內的研究更少，且缺乏針對性。與第三個方面的研究相對應，關於資本結構影響因素的宏觀分析，近年來呈現視角不同的兩類文獻。一是宏觀因素分析，關注不同時期的物價、經濟產出等對企業微觀融資動機的影響；二是貨幣政策與信貸分析，考察特定時期信貸供給變化對企業債務水平與證券發行的影響。與經典理論相關的宏觀研究文獻，例如，圍繞融資優序理論對企業順週期債務發行的分析，對依據權益市場價值波動實施的「市場擇機行為」的分析。但是，作為宏觀因素分析方面的文獻，可被視作「貨幣政策傳導機制」分析的基礎。從資本結構研究的發展過程進行評述，沈藝峰將已有研究概括為傳統資本結構理論、現代資本結構理論、新資本結構理論。現代資本結構理論在 MM 的基礎上注重稅收和破產問題的研究；而新資本結構理論包括新優序融資理論、代理成本說、財務契約論、信號模型、產業組織理論和企業治理結構學派，代表人物有梅耶斯、詹森、史密斯、羅斯、鄧洛夫斯基、哈里斯等。顯然，這一評述主要圍繞微觀金融領域進行。詳見沈藝峰的《資本結構理論史》（經濟科學出版社，1999）。

信息不對稱、市場擇機行為、產品市場競爭、公司控制權爭奪等各個方面的分析。在權衡框架下，我們重點回顧稅、代理成本、破產成本三方面的文獻，並按照債務資金的需求和供給進行分類。在此基礎上，從債務資金宏觀供給的角度對貨幣政策傳導機制方面的文獻進行回顧。

2.1.1　微觀視角

Fama 認為，企業財務契約的結構現狀源於「最小化該契約的成本」（Fama，1990），在資本結構的選擇中，股東、債權人作為兩類最直接的利益相關者必然會從自身利益出發，影響公司對股權與債權的配置。

（1）債務資金需求

從個別公司角度出發，Modigliani 和 Miller（1958）提出資本結構無關論。自從其首次被提出，M&M 理論時至今日興盛不衰。在其簡約的金融市場框架內，市場摩擦（稅收、破產、代理問題）被逐一地進行了考察，形成了成熟的「權衡理論」框架。

一方面，研究者分析了契約調整中債務增加所帶來的收益。在 Modigliani 和 Miller（1963）考察公司所得稅的工作中，他們認為利息稅收規避的現值將增加槓桿公司的價值，因此對於任何一家公司而言負債越多越好。Miller（1977）發現，在投資收入上的個人所得稅總是與公司所得稅同時、同方向的變化，於是提出一個包括個人所得稅在內的模型，分析表明個人所得稅變化確實會影響到債務額的變化。繼 Miller 之後，DeAngelo 和 Masulis（1980）在其模型中指出，如果一個公司擁有較多的非債務稅盾，這一公司應該比其他的同樣的卻沒有太多稅收規避的公司更少地運用負債。

Jesen 和 Meckling（1976）在其關注企業所有權結構的文獻

中指出，管理者、外部股東和債權人之間的代理問題將降低企業的價值，而合理的管理者、外部股東的權益占比和債權人的資金比例，將會有效地降低代理成本，提升公司的價值。

理論工作者認為，早期財務研究的缺陷在於嚴格的模型分析死死地依託於不現實的假設。例如，動機單一、僅僅關注股東價值（李心合，2006）。上述研究中便存在這一狀況，對股東價值的關注，相伴的一系列假設，使得研究的路徑沿著單一的方向進展。從 M & M，到 Miller，再到 Jesen & Meckling，研究者假定銀行的資金是「招之即來揮之即去」的。這一財務領域的基本觀點也影響到了相關領域的研究，正如 Djankov 等（2008）的概述，近二十年來公司治理方面的理論更多地圍繞投資者的自利交易（self-dealing）或掏空行為（tunneling）展開。

（2）債務資金供給

另一方面，早期的研究者對破產與財務失敗的成本進行了考察，這些分析則對債權人行為的理解具有重要的意義。關注破產成本，Stiglitz（1969）指出，既是所有 M & M 的假設都不考慮，無關論的結果還是存在的，但是破產成本非常重要。Haugen 和 Senbet（1978）對債務融資所帶來的經營失敗的費用進行了經典的論述。Smith，Clifford 和 Warner（1979），Leland（1994）等人對債權人的保護問題進行了相關分析，債券持有者可以通過債券條約的設定以防止其從股東或經理人的策略行為中受害，同時長期債券價值與最佳資本結構存在必然的聯繫。Gilson，John 和 Lang（1990）等則對公司在破產或接近破產時所面臨的財務合同問題進行了分析。顯然，在財務槓桿本身之外，財務失敗引起的生產供求中的額外費用、經營代理人的惡意行為、其他的額外成本將影響債務水平的選擇。

2.1.2 宏觀視角

當人們更加關注理論的實踐應用時，微觀的理論往往會被研究者添加現實背景中的因子。宏觀角度對利益相關者融資決策的分析便顯得更加決策有用了。Stieglitz 等人的研究產生了重大的影響，銀企合約的簽訂已不是企業一方的事情，銀行將會基於自身的風險與收益對信貸的額度和價格給予調整。這些變化同時使得資本結構的研究實現了從微觀到宏觀的真正轉變，包括宏觀條件和具體政策兩個方面的回顧與評論。一方面，當宏觀條件發生變化（在特定商業週期）時，企業所面臨的風險將受到影響，同時現金流將出現短缺或冗餘，這會促使企業調整其資本結構；另一方面，當政策發生變化時，這種大幅的外生衝擊將導致微觀主體所面臨的融資約束程度發生變化，進而影響到資金獲取的可能性。

（1）債務資金需求

考察宏觀條件影響資本結構選擇的一種文獻是，基於「商業週期—管理者財富—治理契約調整—銀行債務」這一路徑，側重分析企業權益所有者的動機與行為。

基於 Bernanke 和 Gertler（1989）, Bernanke, Gertler 和 Gilchrist（2000）, Carlstrom 和 Fuerst（1997）等人的分析，Levy 以代理理論為研究重心，通過構建靜態模型對宏觀經濟對企業融資的衝擊進行了研究（2007）。在其「三人」模型中，家庭、營運「好」公司的管理者、營運「壞」公司的管理者分別扮演外部投資人和融資者。基於代理理論，管理者可能存在三種行為：一是按照合約將當期投資回報支付給投資者；二是通過盈餘管理將支付債權人後的剩餘償付股東時給予折扣；三是實施資產轉移或侵佔致使外部投資者一無所獲。在針對此代理問題的治理中，管理者持股（s）的增加將減少外部股東財產被侵佔

的風險，同時，「好」與「壞」公司投資者保護水平（ψ）的差異將引起其管理者轉移利潤或資產的少與多。另外，債務合約中對資產出售、資產保值增值的約定（γ）將約束管理者對債權人利益的侵占。一個基本的判斷是，管理者持股與投資者保護有同一的目標，而債務占比與合約保護程度是一致變化的。Levy 將特定時期管理者共同遭受的外部環境衝擊（ω）與公司投資（i）結合，形成該期的投資回報（iω），進而將外部宏觀影響納入上述代理分析之中。基於當期家庭證券投資收益和勞動收入、管理者權益收入和勞動收入，當兩者消費效用最大化時，加之代理問題導致的槓桿約束，作者導出了基本的市場出清模型。在其模擬計算的結論中，投資者保護較好的公司，槓桿率在經濟緊縮時大於擴張時，而且權益變化呈現順週期效應，債務呈現反週期變化；對於投資者保護較差的公司，權益和債務融資均呈現順週期變化，其槓桿率變化不明顯。此外，企業的投資均體現出順週期變化，即「加速器效應」，特別是投資者保護較好的公司。

Levy 的結論與早期同類文獻的分析一致。圍繞融資約束問題，其強調投資者保護水平的根本性作用。他認為投資者保護是導致宏觀穩定性、加速機制的根本原因。但是，我們發現在其分析中關於債權人的權益考察並非研究的重點，顯然這一方面的進一步分析將有助於供給角度的資本結構宏觀解釋。

（2）債務資金供給

考察宏觀條件影響資本結構選擇的另一種文獻是，沿著「宏觀形勢—企業資金流—銀行債務」這一路徑的分析，關注宏觀因素對債權人動機與行為的影響。

關於債權人視角的考察在 Chen（2010）的文章中得以充分體現。借鑑 Hackbarth, Dirk, Miao 和 Morellec（2006），Bhamra, Kuehn 和 Strebulaev（2010）的工作，作者首先構建一般經濟模

型。假設一個經濟體中存在政府、公司和家庭，分別從事稅收徵收、經營、提供公司的權益和債務資金；通過整合消費與生產函數，推導出利率的決定函數；進一步基於現金流和利率對公司進行價值評估。在此模型中，經濟體所受衝擊被作者通過多階段的馬爾科夫鏈假定嵌入生產函數中，使得公司基於股東權益價值最大化的決策內生於宏觀條件。通過考察權衡模型中債務稅盾與財務困境在不同宏觀條件下的權衡，研究發現，「伴隨經濟增長預期、經濟不確定性和風險溢價，風險定價、財務困境和失敗成本會呈現出反週期的變化。」對於與市場緊密相關的企業，在經濟形勢較差時，隨著邊際效用的增加投資者會在財務困境出現時要求更高的風險溢價，這一風險溢價成為大額信用利差與較低槓桿率的決定因素。同時，此研究結論也對決策者群體性融資變動的現象給予一定的解釋。

除了債權人與債務人視角的分析性文獻，經濟體系中的宏觀因素還從其他方面影響企業的融資決策。

在 Kiyotaki 和 Moore 發展的均衡模型中，受約束企業往往對其約束充分利用（借款達到限制的邊界），基於順週期的抵押物價值，實施借貸，形成順週期的槓桿水平（Kiyotaki & Moore, 1997）。Korajczyk 和 Levy 發現，宏觀經濟條件對資本結構的影響具有顯著的特徵，不受財務約束的樣本其目標槓桿呈現反週期變化，而受約束樣本則呈現順週期（Korajczyk & Levy, 2003）。依據權益市場價值波動，研究者分析和驗證了企業的「市場擇機」行為對債務融資的影響（Lucas & McDonald, 1990; Choe et al., 1993; Korajczyk & Levy, 2003）。同期，也有研究者圍繞融資優序理論對企業順週期債務發行進行了分析和驗證。

不論是債權人與債務人角度的權衡框架分析、融資優序理論分析，還是基於權益市場的市場擇機分析，不同企業在特定

宏觀形勢下資本結構存在著差異①。但是，這些文獻大多將宏觀因素視為企業融資決策中穩定的外在條件，或對資本結構的解釋並未充分考慮金融市場的摩擦。

2.1.3 貨幣政策視角

圍繞資本結構選擇的權衡理論，上文「微觀視角」和「宏觀視角」部分主要針對權衡中的基本因子，即稅、代理、破產，進行了從股東到債權人，從微觀到宏觀的二維交叉分析。顯然，在特定研究範式下，研究者的工作圍繞「綱領」知網中的一個個節點進行，直到所有的節點被「占據」和「挖掘」，然而工作並沒有因此而結束。知識的形成是一回事，而其應用則是另一回事。圍繞特定背景，進行綜合應用尤其顯得必要。以下是結合政策實踐探討融資決策的相關研究。

從貨幣政策角度看，與債務市場直接相關的是利率調整和信貸供給，涉及貨幣政策的傳導機制。貨幣政策的傳導機制，就是中央銀行運用一定的貨幣政策工具，對操作目標和仲介目標產生影響，從而最終引起實際產出變化的過程。基於理論研究，對於貨幣政策的傳導存在兩類解釋，即凱恩斯、弗里德曼等人的「貨幣觀」和伯南克等人的「信貸觀」。由於早期的「凱恩斯學派」和「貨幣主義」將分析建立在「完全信息」之上，僅僅通過利率和貨幣量來考察投資的擴張，其對政策短期內的效果缺乏解釋能力。然而，「新凱恩斯主義」在「信貸觀」下對信貸渠道、信貸配給和企業資金約束的具體分析，使得貨幣政策的短期影響得到合理的解釋和預測（Stiglitz & Weiss，

---

① 上述理論分析和經驗考察對不同類企業在特定宏觀形勢下的資本結構差異形成了一致性的結論，這種基於價值整體波動的考察為解釋融資水平的企業特徵之外的影響因素提供了支持，如 CPI、GDP、股價等因素。

1981；Bernanke & Blinder，1988）[①]。

　　在貨幣政策傳導機制分析中，圍繞信用觀存在兩種考察貨幣政策效果的理論，即銀行貸款渠道與資產負債表渠道。銀行貸款渠道方面的研究者認為，信用市場的信息不對稱導致銀行在金融體系中扮演特殊的角色。在 Tobin 和 Brainard，Brainard 等人的基礎上（Tobin&Brainard，1963），Bernanke 和 Blinder 對貨幣政策的信用觀點做出了開創性和經典性的研究（Bernanke&Blinder，1988）。他們認為，IS-LM 模型採用非對稱的方法分析貨幣與 GNP 之間的關係，而基於銀行資產負債表的貸款供求分析和存款供求分析可以均衡地考察信貸、貨幣、GNP 之間的關係。在傳統的 IS-LM 模型的基礎上，他們放鬆了銀行信貸和市場債券之間的完全可替代性假定，由 CC（商品和信貸）曲線替代原來的 IS 曲線。其主要結論是：如果貨幣需求衝擊比信貸需求衝擊更加重要，那麼，盯住信貸規模的貨幣政策可能比盯住貨幣供應量的政策更好。Bernanke & Blinder 隨後的研究結果表明，除了銀行存款對貨幣政策做出系統性反應外，銀行的資產（證券和貸款）結構也對貨幣政策做出系統性的反應，銀行信用渠道是貨幣政策傳導機制的重要組成部分（Bernanke & Blinder，1992）。依照 CC-LM 模型的分析，中央銀行採用存款準備金率、再貸款利率等貨幣政策工具，影響商業銀行可供借貸的資金，進而影響銀行貸款數量。資產負債表渠道是指由於信用市場的信息不對稱，企業的淨值越低其借貸過程中的逆向選擇和道德風險問題就越嚴重，銀行對其借款減少；而擴張的貨幣政策實施會引起價格水平和權益價值上升（或短期利率下降會導致企業現金流支出減少），進而使企業借款中的

[①] Kashyap，Stein 和 Wilcox 較早通過企業外部融資（銀行貸款和商業票據）結構的變化證實了銀行貸款渠道的存在（Kashyap，1993）。

逆向選擇與道德風險問題減少，銀行對其借款增加。

此外，能夠降低利率的擴張性貨幣政策可以通過與逆向選擇相關的信用配給機制發揮作用，影響企業的借款。當可供借貸資金供給變化時，銀行可能會歧視性地改變信貸的可行性和成本，而不是通過調整完美市場下的利率，實現市場出清。Stieglitz和Weiss的分析表明，貸款供給的減少會導致貸款配給程度的增大，特別是對處於風險邊際的那類企業，而處於安全類企業的借款並不會受到影響（Stieglitz & Weiss，1981）。

早期的宏觀因素研究發現，債務市場摩擦會對企業的借款能力產生影響。Gertler和Gilchrist考察了緊縮的貨幣政策如何影響大、小企業的存貨和短期借款。他們發現，非預期的現金流下降會導致大企業的短期借款增加，貨幣的緊縮對大企業的影響小；然而，由於受到更多的信貸限制，小企業主要通過清減存貨維持營運，對銀行依賴較大的小企業受到較大的影響（Gertler & Gilchrist，1993，1994）。特別是，Leary研究發現，相對於大企業或對銀行依賴較少的企業，小企業或銀行依賴較大的企業，其負債水平隨著正向（負向）的信貸供給衝擊而上升（降低），而且這一變化與長期債務的可得性有關（Leary，2009）。

正如權衡理論的根基，Modigliani和Miller的假設所指，如果不同方式的資本供給是無限的，那麼債務水平便僅僅取決於企業的需求（Modigliani & Miller，1958）。然而，證據顯示事實並非如此。首先，有關評述和調查證據均表明實務工作者確實將供給狀況視作資本結構決策的重要因素（Titman，2002；Graham & Harvey，2001）。其次，Faulkender和Petersen的研究證據表明，在控制債務需求的情況下處於一定債券等級的企業與無等級的企業相比擁有較高的債務水平（Faulkender & Petersen，2006）。如同早期宏觀因素分析中的結論，債務市場

的狀況顯然對企業的借款能力產生約束①。

以上文獻的分析和證據表明,企業所處債務市場的供給狀況與其資本結構存在關聯,對資本結構的考察不僅應關注宏觀因素及相關指標,而且應該具體考察貨幣政策與供給摩擦方面的影響。

2.2 國內融資決策研究的評述

2.2.1 微觀視角

儘管中國最基本的制度假設與美國相差甚遠。國內一些學者針對現代資本結構和融資政策理論對中國的適用性進行了經驗考察。

除計量模型的靜態與動態調整區分之外,經驗研究主要從兩個方面展開:一是結合體制特徵,考察中國經驗證據與權衡理論或融資優序理論的符合程度。如陳曉和單鑫(1999)、黃少安和張崗(2001)及陸正飛和葉康濤(2004)均發現,中國上市公司的融資政策中具有強烈的股權融資偏好,張軍等(2005)認為上市公司的股權和債務都存在融資過度的傾向,吳聯生和岳衡(2006)發現上市公司資本結構選擇符合權衡理論,而朱德新和朱洪亮(2007)則發現上市公司的融資決策遵循「內部融資—股票—負債」的次序,既不符合權衡理論也不符合融資優序理論。二是借鑑國外資本結構研究在行為心理、組織交易費用、產品市場競爭領域的成果,研究上市公司的融資政策選擇。如餘明桂等(2006)發現管理者的心態影響其融資決策,

---

① 按照貨幣政策的傳導對文獻進行分類,關於宏觀因素分析的文獻自然可以並入貨幣觀進行討論。

李青原等（2007）發現資本結構和融資政策與企業資產專用性程度呈負相關關係，劉志彪等（2003）、姜付秀和劉志彪（2005）發現資本結構與市場競爭強度間呈現正相關關係。

2.2.2 宏觀視角

在國內，同樣有學者對宏觀變量的作用進行計量，觀測了資本結構選擇中經濟週期、信貸政策的影響（蘇冬蔚、曾海艦，2009）。王正位等重點考察了監管政策變更、資本市場摩擦對資本結構選擇的影響（王正位等，2007，2011）。國內研究發現，商業週期、債務市場、權益市場均影響資本結構選擇。

宏觀金融領域中國僅有的幾篇直接相關的文獻，其分析依賴於直覺，對國外文獻的借鑑也多限於2003年之後。研究者新近發現中國市場摩擦對資本結構選擇的影響普遍存在，股票市場的摩擦程度高於銀行貸款市場的摩擦程度，表現為資本結構向下調整的速度小於向上調整的速度（王正位、趙冬青、朱武祥，2007）。就房地產行業的資本結構調整進行考察，中國學者發現2004年宏觀調控後房地產企業的融資方式出現多元化，貿易應付款顯著增加而總的有息負債並未發生顯著變化（趙冬青、朱武祥、王正位，2008）。另有學者對影響資本結構的制度因素進行了分析，並考察了1997—2006年宏觀經濟環境對企業資本結構調整速度的影響，發現法制建設、股票市場發展程度、破產法適用範圍等制度因素影響企業資本結構，並且宏觀經濟環境不同調整速度不同（黃輝，2009）[①]。同樣有學者對宏觀變量

---

① 有關制度環境研究的另一類文獻涉及「產權性質對資本結構的影響」，如方軍雄的文章「所有制、制度環境與信貸資金配置」，其介紹了國有與「三資」工業企業（針對1996—2004年的樣本）得到銀行貸款金額與期限的差異，分析了與政府干預相關的融資信息成本和違約風險在兩類樣本間的差異（方軍雄，2007）。

的作用進行計量，測度資本結構選擇中經濟週期、貨幣政策的影響，並嘗試對微觀的融資理論進行新的註解（蘇冬蔚、曾海艦，2009）。國內研究基於國外的分析框架，分別從不同融資市場的效率、融資來源的變化、影響融資市場的因素依次、漸進地考察了融資市場的摩擦問題。基本的趨勢是，圍繞供給狀況對體制與政策影響力給予關注。

2.2.3 貨幣政策視角

在銀行政策分析領域，國內存在一些與資本結構決策相關的文獻，經驗研究側重於「貨幣政策傳導機制」，但並未具體考察資本結構在特定經濟時期的變動（金俐，2006；陸前進、盧慶杰，2007）。有學者通過分析1998—2008年的數據，研究發現在中國貨幣政策能夠同時通過貨幣渠道和信貸渠道影響通貨膨脹，但只能通過貨幣渠道影響經濟增長率（蔣科，2009）。另有學者研究發現當前調控貨幣供應量的政策措施對資產價格的影響具有時滯，房地產價格受影響往往發生在3~6個月之後（蔣厚棟，2010）。此前，有學者研究發現，利率管制導致的利率扭曲對中國上市企業的資本結構選擇具有重要的影響，利率扭曲影響債務價值，優質上市企業股權融資相對於債務融資在特定時期具有顯著的成本優勢（唐國正、劉力，2005）。以上研究顯示，「貨幣觀」下基於利率和貨幣供給的政策傳導機制存在一些問題，雖然近年來的研究發現了其合理性，但是具體的效果仍然不確定；反而是「信用觀」下的解釋更合理[①]。已有學者研究發現，貨幣政策緊縮時期企業信貸的可得性、企業現金

---

① 本部分提及的貨幣觀是與傳統貨幣傳導機制一致的貨幣渠道分析方法，其並不關注銀行資產負債表的結構，而信用觀關注銀行信貸資產在既定貨幣政策下通過信貸鬆緊對投資或支出活動的影響。

的持有水平顯著不同於寬鬆時期（葉康濤、祝繼高，2009；祝繼高、陸正飛，2009；曾海艦、蘇冬蔚，2010）。

國內研究狀況表明，貨幣政策在中國同樣會通過傳導機制影響企業融資。不過，針對特定時期貨幣政策，進行融資研究的相關經驗文獻僅有兩篇，葉康濤等人僅僅通過信貸緊縮期觀測了不同企業的銀行貸款情況，而曾海艦等人在研究中確定的事件期（如1998年的信貸擴張）處於中國金融業市場化的早期。

2.3 概念界定和理論模型介紹

2.3.1 基本概念

（1）貨幣政策

貨幣政策是獨立的中央銀行在特定的商業週期時段為了干預總需求而採取的措施和影響。央行通過操作貨幣政策工具，改變貨幣政策仲介變量，將影響到實體經濟中的交易主體。在中國，中國人民銀行頻繁採用的政策工具包括存款準備金率、公開市場業務等，這些工具的採用引起仲介變量——貨幣供應量（數量指標）和利率（價格指標）的變動，這些指標的變動將引起交易主體投融資行為的變化。

（2）信貸政策

信貸政策是服務於政府的中央銀行在經濟發展的特定時期為了政府調控目標的實現而採取的措施和影響。央行通過管制性措施——信貸發放指導，改變商業銀行的信貸量，將影響實體經濟中的資金供給。在中國，中國人民銀行根據政府產業政策的變化指導商業銀行對行業企業的信貸投放做出調整，影響

特定行業企業資金的可獲得性。

(3) 貨幣政策傳導機制

貨幣政策傳導機制是中央銀行運用貨幣政策工具影響仲介指標（變量），進而最終實現既定政策目標的傳導途徑與作用機理。貨幣政策傳導機制是從運用貨幣政策到實現貨幣政策目標的過程，貨幣傳導機制是否完善及提高，直接影響貨幣政策的實施效果以及對經濟的貢獻。

理論研究中對於貨幣政策的傳導存在兩種解釋，即「貨幣渠道——貨幣觀」和「信用渠道——信用觀」[1]。貨幣觀認為，在「信息完全」時僅通過考察利率和貨幣量對投資的影響，便可解釋政策短期內的效果。然而，信用觀認為，在「信息不對稱」時金融體制（特別是銀行的地位）需要特別關注，存款吸收總量、信貸投放總量、信貸配給和企業融資約束的具體分析，將使貨幣政策的短期影響得到合理的解釋。

(4) 信息不對稱

信息源的非均勻分佈及信息甄別的成本過高引起締約雙方對有效信息的佔有出現差異，即為信息不對稱。在締約雙方簽訂合同之前，佔有較多信息的一方會基於自身的利益從事虛假信息的披露（逆向選擇），此時需要信息披露機制和信號甄別機制，以降低逆向選擇行為；在締約雙方簽訂合同之後，佔有較

---

[1] 有關貨幣政策效果分析的理論可以簡要概括為兩個方面，即信用渠道和貨幣渠道（米什金，2009）。在希克斯等構建的 IS-LM 模型下貨幣政策通過利率渠道傳導。這一渠道涉及短期宏觀經濟的基本分析框架，包括由技術、資本等決定的總供給和與財政、貨幣政策相關的總需求。其中，貨幣政策對企業的影響可以概述為：央行改變準備金；貨幣供給變化；利率和信貸條件變化；基於投資的融資變化。對於貨幣供給與需求的考察，在 IS-LM 框架下銀行供給與企業的需求在完美貨幣市場下可以形成均衡的單一利率，市場即可出清，不會造成資金的無效配置。以弗里德曼為代表的貨幣主義者進一步認為還有匯率、股票價格、財富效應以及房產土地價格等渠道。這些統稱為貨幣渠道，即貨幣觀。

多信息的一方會基於自身的利益實施損害另一方的行為（道德風險），此時需要監督機制和激勵機制，以降低道德風險行為。

貨幣政策傳導機制——「信用渠道」下的企業與銀行關係考察，主要關注兩方面的信息不對稱分佈。一是貨幣政策變動引起銀行的債務變化時，信息不對稱導致銀行不能及時調整資產結構，促使銀行可使用的信貸額（銀行的資產業務之一）出現變動。二是銀行的可用信貸總額變動時（特別是減少時），銀企間的信息不對稱導致企業可能出現逆向選擇和道德風險，由此引起的銀行的信貸配給（鑒於自身的利潤和風險，銀行放棄向願意支付較高利率的企業放貸）。

（5）代理成本及費用黏性

所有權與經營權的分離導致經營者會侵蝕所有者的財富，即使這種侵蝕完全由經營者來承擔也會降低所有者的財富總額，這種損失即為代理成本。股東與管理者、債權人與股東、大股東與小股東，他們之間的合作或多或少均存在代理成本。

代理成本的具體衡量因企業某一締約主體與其他締約主體之間的具體關係不同而異。例如，在股東與管理者之間，管理者的機會主義行為導致企業費用的變化與收入的變化不同步，特別是收入下降時費用可能並未降低，即費用呈現黏性。

2.3.2　經典理論模型

基於已有的融資決策研究文獻，按照前面的研究思路，本文將圍繞貨幣政策傳導機制考察貨幣政策對企業融資決策的影響，主要涉及「貨幣政策傳導機制（貨幣渠道與信用渠道）」「信貸配給」「代理問題」以及「潮湧現象」中的基本模型。

（1）貨幣政策傳導機制理論

參照 Bernanke 和 Blinder、陸前進和盧慶杰的分析，現將信用傳導機制發揮作用的過程做如下介紹：

根據凱恩斯的貨幣需求理論，貨幣需求 $M^d = L(y) + L(i)$。其中：$L(y)$ 指代交易性的貨幣需求和預防性的貨幣需求，是國民收入的函數；$L(i)$ 指代投機性的貨幣需求，是利率的函數。

貨幣供給等於貨幣需求，即：

$$M = M^d(y, i) \tag{2.1}$$

其中，M 為貨幣供給，是由中央銀行控制的外生變量。

由 IS 曲線，得到產量 y 是利率 i 的函數：

$$y = Y(i) \tag{2.2}$$

將式（2.1）、式（2.2）對 M 求導並簡化，得到：

$$dy/dM = Y_i / (M_i^d + M_y^d Y_i) \tag{2.3}$$

其中，$Y_i < 0$，$M_i^d < 0$，$M_y^d > 0$。

式（2.3）表示，中央銀行通過貨幣供給量的變化，改變利率，影響投資，進而改變總支出及收入。這是在完全信息和市場機制完善時，「貨幣渠道」對產量影響的機制。

假設央行持有的淨國外資產為零，合併中央銀行和商業銀行的資產負債表，$LP + (GB - FB) = C + D$。其中，LP 為向公眾的貸款額，$(GB-FB)$ 為債券購買與發放的差額，可表示為 NB，C 為通貨，D 為儲蓄。

基於上述定義，貨幣供應量 $M = NB + LP$。銀行貸款的比例 $\mu = LP/(LP + NB)$，銀行貸款的利率為 i_1；債券融資的比例為 $1 - \mu$，利率為 i。銀行貸款的比例取決於銀行貸款和債券利率之差：

$$\mu = g(i_1 - i) = g(v) \tag{2.4}$$

其中，$v = i_1 - i$，$g(v) > 0$。如果 $g(v) > 1$，那麼銀行持有債券淨額為負。

根據式（2.4），銀行貸款的供給為：

$$L_S = LP = g(i_1 - i)M = g(v)M \tag{2.5}$$

式（2.5）說明貸款的供給與貨幣供給之間的關係，其中，

$g_v > 0$。

企業對貸款的需求為：

$$L_d = \lambda I = \lambda \cdot I(y,c) = \lambda(v) \cdot I(y, i + \lambda(v)v) = L(v, i, y) \tag{2.6}$$

式（2.6）中，I 是企業的投資，λ 是投資中通過貸款融資的比例，I 受總產出和企業融資成本 c 的影響，$c = \lambda i_1 + (1-\lambda)i = i + \lambda(i_1 - i) = i + \lambda(v)v$。其中，$L_v < 0$，$L_i > 0$，$L_y < 0$。

根據式（2.5）和式（2.6），當貸款需求等於貸款供給時：

$$L(v, i, y) = g(v)M \tag{2.7}$$

投資需求受到貸款利率和債券利率之差 v 的影響，於是國民收入函數為：

$$y = Y(i, v), \quad Y_i < 0, \quad Y_v < 0 \tag{2.8}$$

當貨幣供給等於貨幣需求時：

$$M = M^d(y, i) \tag{2.9}$$

將式（2.9）兩邊對 M 求導得到：

$$1 = M_i^d \frac{di}{dM} + M_y^d \frac{dy}{dM} \tag{2.10}$$

將式（2.8）兩邊對 M 求導得到：

$$\frac{dy}{dM} = Y_i \frac{di}{dM} + Y_v \frac{dv}{dM} \tag{2.11}$$

將式（2.7）兩邊對 M 求導得到：

$$L_v \frac{dv}{dM} + L_i \frac{di}{dM} + L_y \frac{dy}{dM} = g(v) + M g_v \frac{dv}{dM} \tag{2.12}$$

方程組（2.10）（2.11）（2.12）包含 $\frac{dy}{dM}$、$\frac{di}{dM}$、$\frac{dv}{dM}$，通過求解和化簡得到：

$$\frac{dy}{dM} = \frac{Y_i - \dfrac{L_i - g(v)M_i^d}{L_v - Mg_v}Y_v}{(M_i^d + M_y^d Y_i) + \dfrac{M_i^d L_y - M_y^d L_i}{L_v - Mg_v}Y_v} \qquad (2.13)$$

式（2.13）是包含「信用渠道」和「貨幣渠道」的貨幣政策對國民收入的影響。此式表示中央銀行貨幣市場操作影響貨幣供給，通過銀行貸款對產出的影響。式（2.13）的成立顯然要滿足以下條件①：

第一，$g_v < +\infty$，表示銀行部門的貸款和債券是不完全替代的；否則，方程簡化為 $dy/dM = Y_i / (M_i^d + M_y^d Y_i)$，與式（2.3）相同，成為僅僅解釋貨幣傳導渠道的模型。

第二，$L_v > -\infty$，表示私人部門的銀行貸款和債券是不完全替代的；否則，模型簡化為式（2.3）。

第三，$Y_v < 0$，表示私人部門投資對銀行貸款和債券利差敏感，這與國民收入模型［式（2.8）］一致。如果 Y_v 趨於 0，則模型簡化為式（2.3）。

在上述分析中，通過銀行系統考察信貸流量對企業槓桿的影響，存在兩個基本前提：①貸款不能被銀行所持有的其他資產所完全替代；②企業在各種債務資源之間的轉換存在障礙和成本。如果銀行的資產無替代性，那麼其存款的減少會帶來貸款的減少；如果企業不易採用其他的融資方式，那麼一旦介入銀行融資就可能產生依賴。於是，信貸變化與債務融資具有了必然的聯繫，最終「信用渠道」發揮了根本性的作用。

---

① 關於貸款渠道有效條件的討論，還包括銀行部門貸款和債券完全不替代、基於需求的貨幣和債券完全替代、貨幣和債券完全不替代三種情況，這些狀況下銀行信用渠道均發揮作用。

（2）信貸配給理論

信貸配給是指當可供借貸資金供給變化時，銀行可能會歧視性地改變信貸的可行性和成本，而不是通過完美市場下利率的調整，實現市場的出清。信貸配給的存在使得銀行的地位更加突出。Stiglitz和Weiss的分析表明，貸款供給的減少會導致貸款配給程度的增大，特別是對處於風險邊際的那類企業，而處於安全類企業的借款並不會受到影響（Stiglitz & Weiss, 1981）。以下按照Stiglitz和Weiss（1981）的定義與分析對信貸配給理論進行概述。

在新古典經濟模型中，最基本的經濟原則是供給與需求相等時市場達到均衡，其中價格發揮基本的調控作用，配給並不存在。然而，信貸資金的超額需求是現實存在的，配給確實發生。解釋配給現象的一種觀點認為，短期內，由於經濟體遭受外部衝擊或不明原因，利率呈現黏性，導致過渡期內信貸出現配給；另一種觀點認為，長期內，信貸配給源於政府的管制，如對高利貸實施的控制。

然而，Stiglitz和Weiss（1981）的定義與非均衡下的信貸配給不同，他們試圖刻畫信貸市場處於均衡時的配給特徵。銀行放款時關注相應的利率和伴隨的風險，若提升利率必然帶來相應風險的變動，①潛在借款者的逆向選擇行為會加大；②借款人的行為（道德風險）會受到增大。顯然，利率會影響交易的本質，它不能使市場出清。由於不同的借款人具有不同的貸款償還可能性，而銀行的預期回報依賴於還款的可能性，因此銀行需要識別真正有能力還款的借款人。由於逆向選擇的存在，銀行必須依賴於信息甄別的機制去發現「好」的借款人，而借款人所支付的利率可能就是此甄別機制，對於那些願意支付較高利率的借款人，其平均還款可能性較低，信貸風險可能會較大。於是，在利率的上升時那些借款增加的群體其平均「風險」

增大，這可能會降低銀行的利潤。同樣，在利率與合同條款變化時，借款人的行為會改變。例如，高利率可能會改變降低那些成功項目的收益，進而引起公司去從事那些成功可能性較小的項目（在成功時卻會獲得高額的回報）。

在完美且無信息成本的市場中，銀行可能會明確規定借款人的行為（這些行為會影響信貸的回報）。但是，在現實中銀行不可能控制借款人所有的行為，於是它將設定信貸合同條款以引導借款人實施不損害銀行的行為，而且去吸引那類低風險的借款人。

綜上所述，銀行預期回報的增加將相對慢於利率的增加，而且在利率增加超過某一點時其回報事實上會下降。如圖2.1所示，利率在特定值時銀行的預期回報達到了最大，圖中的點（r^*）為「銀行最優」利率，此時，銀行的理性決策是實施信貸資金的配給。

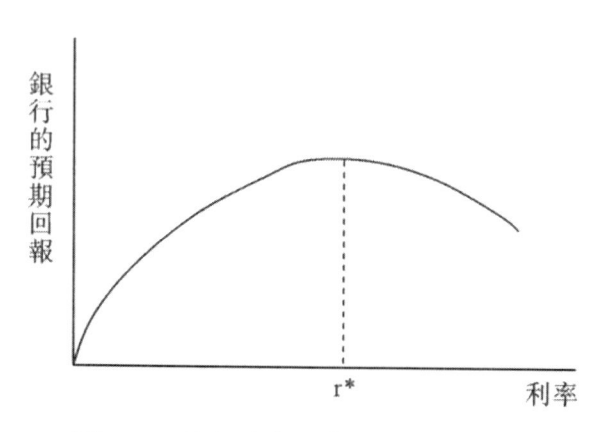

圖2.1　銀行預期回報最大化的利率

（3）代理成本理論

代理成本理論關注「監督權力」「剩餘權益」「道德風險」「代理成本」的配置或規避（Alchian & Demsetz, 1972; Jensen & Meckling, 1976），有助於解釋所有者—管理者的行為特徵和其他企業締約者的決策。以下按照威廉·L.麥金森（2002）的

總結對代理成本理論進行概述。

在 1976 年以前，財務理論界普遍採用標準的公司經濟模型來描述公司行為。該模型認為，公司作為「黑箱」，對輸入信息進行加工並輸出有用信息，並對經濟動因做出理性的反應。該模型幾乎沒有考慮到真正負責公司經營的管理當局的利益目標。事實上，它假定公司是由單個的、追求財富最大化的管理者控制和管理的，且管理者與股東、其他外部投資者的利益目標一致。有些學者試圖擴展公司經濟模型，以解釋為什麼大部分大型公司的經營活動由職業經理人員（而不是企業家或所有者）及大量股權分散的股東來執行。甚至這些模型基本上都假定經理人員始終維護股東的最大利益。

1976 年，Jensen 和 Meckling 提出了公司代理成本模型，其基本貢獻在於，將人的本性融入公司行為的綜合模型中。依據該模型，公司只是一種契約關係的法律主體，這種契約關係包括公司經理、股東、供應商、顧客、雇員及其他關係人。所有關係人都是理性人，其行為以維護自身利益為出發點，同時十分期望別人的行為也能維護自己的利益。由於關注公司事務，這一模型為投資者如何分配資本、公司經理如何做出決策提供了客觀科學的模式。

在 Jensen 和 Meckling 的代理成本模型中，開始假定企業家擁有全部股份，他將對自己的行為承擔全部風險或享有全部收益。如果企業家花費公司資金用於奢侈性消費，如購買豪華辦公設施、公司專用飛機、延長休假等，這些成本將由企業家獨自承擔。但企業家若將部分股票 α 出售給外部投資者，他將不再承擔奢侈性消費的全部成本，而只是承擔 $1-\alpha$ 部分。奢侈性消費令人愉悅，而艱苦的工作卻不盡然。如果降低奢侈性消費的成本時，艱苦工作的回報並不增加。只要能降低自己的投資風險，理性的企業家將會投入較少精力到工作中，而享受更多

的特權。

然而,外部投資者完全知悉上述動機的存在。企業家的投資風險降低將導致股票價值的下跌,因而投資者從企業家那裡購買股票時,支付的價格將反應這一影響。即由於股份出售導致公司所有權與控制權分離所形成的代理成本,將全部由企業家獨自承擔。此時,企業家成為股東(所有者)的代理人,而且企業家應能維護所有者的最大利益。

上述問題的解決有兩種選擇。其一,在股票出售後,企業家可以採取多種措施來約束自己的行為,相關措施的支出構成擔保支出;其二,企業家可以同意支付(或允許外部投資者花費)、監督支出。全部代理成本扣除監督支出和擔保支出後的部分稱為剩餘損失。在大型現代化公司中,由於所有權與控制權分離,剩餘損失是無法消除的。

在 Jensen 和 Meckling 的代理成本模型中,還論述了為什麼通過外部負債融資能夠有助於降低發行普通股產生的代理成本問題。同時,該模型指出,如果債務比例過高,也會產生另一類代理問題。

(4)潮湧現象

對於一個處於快速發展階段的發展中國家,在產業升級時,企業所要投資的是技術成熟、產品市場已經存在、處於世界產業鏈內部的產業,企業很容易對新興、有前景的產業產生共識,投資上容易出現「潮湧現象」。此時,企業並未遵循自身的比較優勢進行投資。例如,中國光伏組件出口商尚德電力、英利等均是多晶硅料進口的主要企業,就生產階段與產品形成而言仍然處於世界產業鏈的內部,(非比較優勢下的)產業發展共識導致行業產能過剩,在外部需求不足時均陷入經營困境。

考慮到中國的信貸政策現狀和縣域經濟模式,信貸機構在滿足相關產業企業債務資金需求時也難免出現「羊群效應」。張

五常（2009）對中國經濟制度的解釋中，指出「中國的地區從上而下分七層。這七層是自上而下以承包合約串聯起來的。上下連串，但左右不連。地區競爭於是在有同樣承包責任的地區出現，即是同層的不同地區互相競爭。」地區競爭必然加速當地政府與當地金融機構的合作，信貸資金的供給中將出現「羊群效應」。此外，這一合作將放大「企業的信息真空」，引起產業企業信貸需求的盲從和激進。

最終，在「資本預算—融資決策」這一邏輯下，信貸中必然出現「潮湧現象」。

2.4 本章小結

結合國外研究現狀，理論分析貨幣政策對融資決策的影響，進行經驗證據收集，將開拓性地填補新形勢下政策衝擊效應研究的空白，並為企業融資決策提供新的解釋。而且在下文圍繞貨幣政策傳導機制，特別是信用渠道傳導的研究中，信息不對稱理論、代理成本理論、潮湧現象理論將是我們進行理論分析和假設形成的基礎。

3 貨幣政策對企業債務融資的影響：總量序列分析

　　國內外經濟學者廣泛研究了政策變化對經濟產出的影響，作為一項重要的經濟政策，貨幣政策早已成為研究者重點關注的領域之一。圍繞「貨幣供給內生或外生？」「貨幣是否中性？」「貨幣政策傳導機制究竟如何？」等問題，貨幣政策影響決策的具體方式得到學者不同程度的論證。研究者一致認為貨幣政策可以通過貨幣渠道和信用渠道影響實體經濟。

　　已有考察企業融資決策影響因素的研究將貨幣政策變化納入分析的內容，但是相關內容並未得到充分而有效的論證。例如，在國內針對上市公司融資決策的研究中，政策代理變量的選擇缺乏一致性，關鍵解釋變量滯後期的確定仍然處於探索階段。再如，基於對貨幣傳導理論的驗證，國外對企業融資決策變化的考察更多地服務於對產出總量的解釋，而國內部分研究集中在與公司融資決策相關的分析上。因此，進一步系統而深入地考察貨幣政策對企業債務融資的影響尤其必要。

　　2000—2010年包含中國新近的一個商業週期，且金融市場化進程逐步加快。在金融深化過程中市場摩擦的變化、貨幣政策的效應，均需持續的事實觀察或實驗。本章通過總量時間序列（2000—2010年）的VAR分析，研究貨幣政策變化與融資總

量的動態關係，研究結論對於企業融資決策研究中貨幣政策代理變量的選擇，貨幣政策變動與企業融資決策的基本關係確定，均具有重要的意義。

3.1 貨幣政策變化與企業融資決策

3.1.1 主要研究回顧

主流資本結構研究認為，企業的資本結構調整依據「成本—收益」的權衡而定，稅盾收益、財務困境、代理成本等因素是考慮的主要因素。另一競爭性的假說是融資優序理論，認為企業內外信息差異引起不同融資方式的成本不同，融資成本從內源融資，到債務融資，再到權益融資將逐步增大。相關理論對實務的解釋依賴於一些基本的假定，如存在代理成本、存在信息不對稱等。而且，理論解釋從微觀視角展開，並假定各類資金的供給是不受限制的。然而，當外部市場摩擦並存、資金的獲取受到限制時，則需要新的理論框架提供有效的解釋。

近年來將宏觀背景與微觀決策相結合的財務研究對我們具有重要的啓發意義。借鑑國外金融危機研究領域的文獻，財務界學者介紹了淨資產隨宏觀經濟條件變化而變化的機理，以及企業融資決策的變化情況（李心合，2009，2010）。此外，早期的研究者指出企業財務契約的結構現狀源於「最小化該契約的成本」，在資本結構的選擇中，股東、債權人作為兩類最直接的利益相關者必然會從自身利益出發，影響公司對股權與債權的配置（Fama，1990）。因此，企業資本結構調整的另一個基本邏輯是：外部衝擊發生變化，企業的淨資產、現金流量將隨之變動，利益相關者將會調整原有的財務契約，導致企業資本結構

的變化。

毋庸置疑，貨幣政策變化是對實體經濟運行的重大衝擊。然而，貨幣供給影響經濟運行的具體方式存在爭論。早期學者的爭議在於貨幣供給的內生性與外生性[①]。之後的爭議則體現在對貨幣中性和政策傳導機制的不同認識。然而一致的看法是：在貨幣政策變化時，各種市場摩擦使市場無法出清，導致政策具有非中性效用，對實體經濟產生影響。

其中，貨幣學派、新古典增長模型的推崇者及新凱恩斯主義者均認為短期內貨幣是非中性的。例如，財富、資產收益及人口等因素對貨幣的需求將引起貨幣供給對產出的影響；再如，貨幣供應量的增加會提高人們的財產水平，相應儲蓄水平的提升會引起投資的增加。此外，由於價格和工資黏性的存在，貨幣供給變化並不能夠使價格迅速調整，從而實現市場出清，最

---

① 內生性供給理論認為，貨幣供給是由社會經濟活動本身決定的，取決於貨幣需求。在早期內生性供給理論中，繆爾達爾認為物價水平決定著支付手段的數量；馬克思認為金屬貨幣時代是商品和黃金的內在價值決定了商品的價格，進而決定了社會的「必要的貨幣量」；托賓認為，各經濟主體根據收入、利息率、風險等選擇資產結構的結果是貨幣需求增加，同時利率增加，銀行便會供給更多的貨幣。此外，格利與肖認為，經濟主體發行「初級證券」，引起金融仲介機構提供類似通貨的「間接證券」；同時貨幣當局會通過購買初級證券增加貨幣投放，最終的貨幣供給將取決於商業銀行、其他金融機構和社會公眾的共同行為。後凱恩斯主義的內生性理論家從名義工資的增長、中央銀行「最後貸款人」的角色出發論述了信用貨幣供給的非獨立性。如溫特勞布、卡爾多、莫爾等認為，中央銀行不得不遷就市場的需要而使貨幣有所增加。顯然，內生性理論認為通過供給型貨幣政策模式來調節宏觀經濟將是無效的。此時，貨幣政策的仲介目標只能是利率，通過利率來影響貨幣需求，進而影響貨幣供給。另外，外生性供給理論認為貨幣供應量為仲介目標的貨幣政策模式是有效的。凱恩斯是典型的貨幣外生論者，他認為中央銀行通過公開市場操作影響貨幣供給、進而影響利率水平，同時可以影響人們對政策的預期；弗里德曼則通過假定「存款—準備金率」和「存款—通貨比率」的穩定變化，強調了基礎貨幣變化對貨幣供應量的影響。顯然，該理論認為一國的中央銀行可以通過調整貨幣供應量以使之適應貨幣需求，從而調控經濟活動（馮科，2010）。

終影響到經濟主體的決策。與費雪方程和劍橋方程所解釋的貨幣中性不同，這些觀點表明貨幣並非中性，一定量的貨幣供應變動並非只引起相同水平的一般物價水平變動，相對價格和實際利率水平會發生改變，實際經濟變量將發生調整。

對於政策傳導機制的不同認識則體現在貨幣渠道與信用渠道的差異（Mishkin，1995）。凱恩斯、希克斯、弗里德曼、莫迪格里尼、托賓等人認為，貨幣供應量的改變會引起利率、收入、個人財富、企業價值的變化，進一步導致投資、消費的增加；然而 Roosa（1951），Stiglitz 和 Weiss（1981），Bernanke 和 Gertler（1995）等從市場摩擦角度考察了銀行資產業務對實體經濟的影響。例如，銀行貸款渠道對信用供給量的強調，資產負債表渠道對信用風險的分析，均體現了貨幣供給量對銀行和企業的資產與流動性的影響所導致的企業信貸的可得性。

Romer 和 Romer 似乎提供了有關貨幣渠道的證據。作者通過閱讀聯邦公開市場委員會的紀要識別了政策的緊縮期，並考察了 M1、銀行信貸、GNP 之間的變動次序，發現貨幣政策緊縮時 M1 的下降速度快於銀行信貸，其中，銀行信貸增長率最快至 6 個月後才下降，同期 GNP 增長下降。作者認為銀行信貸的變化是由需求引起的，並非貨幣政策變化的後果（Romer & Romer，1990）。Bernanker 和 Blinder 則對類似證據給出了信用渠道的解釋。作者採用聯邦基金利率變動來定義外生的貨幣政策變化，取得了與 Romer 和 Romer 一樣的證據，他們認為銀行信貸相對貨幣供給的滯後變化反而表明了銀行信貸的特殊性，由於融資於存貨、防範企業破產等需要，銀行不會立即減少借貸，且銀行會通過證券銷售以迎合部分存款的下降；另外，借款人從銀行債務轉向公共市場債務時存在著成本，產生對銀行的依賴（Bernanker 和 Blinder，1992）。Gertler 和 Gilchrist 認為區分前述兩種論點的困難在於貨幣和信貸變動的供求分析，如果信貸增

長由信貸需求引起,且信貸變動滯後於產出,則表明信用觀不成立;如果信貸變動並不滯後於產出,也不能否定貨幣觀(Gertler & Gilchrist, 1993)。顯然,作者認同 Bernanker 和 Blinder 對證據的解釋。

　　Kashyap, Stein 和 Wilcox 通過分析信貸的構成變化證明了貨幣政策對銀行信貸流的影響。作者認為如果是投資需求影響了信用活動,那麼短期商業貸款中銀行信貸與商業票據的總變動應該同步,如果是貨幣供給影響了信用活動,那麼兩者的比例將發生變化,於是銀行貸款占比的下降可能反應了銀行信貸供給的緊縮。同時,作者分析了企業投資隨融資結構變化而變化的情況。作者認為,在控制利率等因素時,如果貨幣政策影響下的企業投資受到融資結構影響,則表明企業所面對的信貸市場摩擦在發揮作用。最後,通過變量滯後迴歸模型,作者考察了融資結構與票據利差對總量業務預測的優劣,發現隨著金融深化票據利差的預測能力下降而融資結構的預測能力增強(Kashyap, Stein, Wilcox, 1993)。

　　Gertler 和 Gilchrist 考察了政策變化與企業融資方式調整之間的關係。採用向量自迴歸技術分析總量數據發現,大、小企業製造業針對政策緊縮會採用不同的信用調整方式,證據表明信貸市場摩擦會擴大貨幣政策的效應(Gertler & Gilchrist, 1993)。之後,Gertler 和 Gilchrist 進一步分析了小製造企業相對大製造業存貨非對稱調整的原因。作者認為信貸市場的摩擦引起了緊縮貨幣政策下小企業在不同商業週期的不同表現。經驗證據表明經濟形勢較差時小企業的反應更加強烈,財務狀況會顯著影響小企業的存貨需求,而對大企業影響較小(Gertler & Gilchrist, 1994)。

　　依據上述經驗研究文獻,可以將貨幣政策變化時企業信貸選擇變動的理論解釋概括為以下幾個方面:一是關注央行政策

工具變量、商業銀行業務變量與產出變量變動的次序和時滯，如 Romer 和 Romer，Bernanker 和 Blinder 提供的證據；二是分析貨幣政策變化時銀行信貸的變化，如 Kashyap，Stein 和 Wilcox 提供的證據；三是考察貨幣政策變化時市場摩擦對不同企業融資決策的影響，如 Gertler 和 Gilchrist 提供的證據。

在考察貨幣政策影響企業融資決策的國內研究中[①]，陸正飛等採用銀行家緊縮指數代理緊縮政策，重點考察了緊縮期（2004年）信貸資金在國有與民營企業間的配置，經驗證據表明民營企業受到信貸歧視，成長性較高反而獲取的信貸資金較少（陸正飛、祝繼高、樊錚，2009；葉康濤、祝繼高，2009）。曾海艦和蘇冬蔚的研究中，作者採用雙重差分估計法考察 1998 年信貸擴張與 2004 年信貸緊縮對中國上市公司資本結構的影響。研究發現，1998 年信貸擴張後，規模小、民營化程度高及擔保能力弱的公司獲得了較多的銀行資金，其負債水平顯著上升；而 2004 年信貸緊縮後，上述三類公司的有息負債率顯著下降，同時公司應付款項顯著增加，以彌補信貸資金的減少（曾海艦、蘇冬蔚，2010）。

以上證據表明，貨幣政策影響著融資決策，而且呈現為不同方式。然而，比較國內外研究發現，國外早期經驗研究的目的在於對貨幣政策傳導效應的檢驗，關注融資環節對實體經濟產出的影響；而國內研究似乎存在先入為主的假定，認為不同產權屬性的企業應該存在不同的授信待遇，且缺乏對不同樣本的財務特徵進行系統分析。此外，國內針對上市公司的研究對於貨幣政策代理變量及其滯後期的選擇值得商榷。例如，與國外採用總量數據進行時間序列分析不同，國內相關研究靜態地

[①] 本部分未對中國宏觀金融領域關於貨幣政策與銀行資產負債調整的研究論文進行綜述，在下文理論論述時將做適當介紹。

選取政策變量，研究方法上的差異可能會導致經驗結論偏誤。這些正是本章重點關注的問題，我們將借鑑國外研究以總量數據為基礎採用結構方程模型進行基本面分析。

3.1.2 理論分析

企業在不同商業週期下存在不同的資金需求，然而相關的需求並未得以實現，根本的原因在於資金供給。葉康濤和祝繼高提供的經驗證據顯示，高成長性企業在信貸緊縮時獲得的資金反而較少（葉康濤、祝繼高，2009）；陸正飛等的研究表明，較有活力的民營企業同樣面臨信貸的歧視（陸正飛、祝繼高、樊錚，2009）。這些證據表明，企業的融資決策不僅基於自身的資金需求，還依賴於外部的供給。

就資金的供給而言，涉及格利和肖在《金融理論中的貨幣》中描述的基本模型（格利和肖，2006）。該模型把經濟社會分成消費者、企業和政府（即貨幣系統）三個部門，以及當期產出品、勞動力、貨幣及債券四個市場。從上述三個部門收入和支出的數量關係推導出上述四個市場共同達到均衡狀態的必要條件。作者通過這個增長模型表述了這樣一個基本思想：在一個增長的經濟中，各個部門可以在收入 產出帳戶上保持持續的赤字或盈餘，這些赤字或盈餘有其對應的金融流量。於是，貨幣流量的變動，無論是為購買商品或債券，還是為轉移性支付，對產出規模和產出配置都將產生影響。

按照國外（貨幣政策與企業決策方面的）理論分析，貨幣政策變化與企業債務水平或結構變化的關聯緣於貨幣政策傳導渠道的存在。依據早期凱恩斯等的分析，當價格存在價格剛性時貨幣供給變化引起短期利率的變動，而短期真實利率將進一步影響總需求。然而，Bernanker 和 Blinder 的研究提供了許多異常的事實觀察。例如，市場利率變動較小，存貨調整反應滯後，

同時對長期真實利率反應敏感的住宅投資卻較早變化（Bernanker 和 Blinder，1992）。至於中國的現實情況，利率管制背景下貨幣政策傳導機制研究表明，貨幣渠道運轉並不順暢（周英章、蔣振聲，2002；王國松，2004；蔣瑛琨、劉豔武、趙振全，2005；索彥峰、範從來，2006）。以上事實表明，傳統的貨幣渠道理論難以完整地解釋與投資相伴的融資現象。

依據伯南克等的分析，市場摩擦的存在會導致外部融資成本與內部資金的機會成本出現差異。這一差額源於貸款者與借款者委託代理問題引起的兩類成本：一是貸款者評估借款者信用度、監督合約執行、清收貸款等預期要支付的成本；二是由於存在借款者的道德風險，貸款者為了保護自身利益就需要設計各種限制性合約條款，如違反合約後如何訴訟、要求抵押或擔保，這些都需要付出成本。於是，理論上便存在由市場摩擦引起的外部融資額外成本。

國外經驗研究提供了在貨幣政策變化時市場摩擦存在的證據，而且證據表明存在兩種解釋市場摩擦的貨幣政策傳導機制理論，即銀行貸款渠道理論和資產負債表渠道理論。在銀行貸款渠道理論中銀行處於中心地位，銀行不能完全彈性地管理資產與債務（Kashyap, Stein, Wilcox, 1993）；而資產負債表渠道理論強調企業抵押價值的作用（Gertler & Gilchrist, 1993, 1994）。在中國，近期的經驗研究表明，貨幣政策變化時企業確實會因對銀行的依賴程度不同而發生不同的債務或資本調整行為（曾海艦、蘇冬蔚，2010）[1]。

銀行貸款渠道理論指出，貨幣政策對企業的債務融資具有

---

[1] 國內關於貨幣政策影響銀行資產與負債調整的考察，主要存在於宏觀金融研究文獻，如周英章等人的研究；而對於企業資本結構調整的考察主要存在於公司財務研究文獻，如陸正飛、葉康濤、曾海艦等人的研究。

普遍性的直接影響。在央行動用存款準備金率變化、公開市場操作等貨幣政策工具之後，金融體系內的貨幣量變化不僅如傳統理論所言會引起短期利率的變動，而且會對銀行業的資產、負債業務產生衝擊。因為銀行體系中存在摩擦，即銀行不能完全彈性地管理資產與債務——不能及時地通過發行新的債務或回收已有的投資去滿足現有合約中的企業信貸資金需求。在貨幣政策發生變化、銀行體系內資金出現餘缺時，銀行只能調整其資產業務——企業貸款，即貸款利率的變化或數量的變化。這便導致貨幣政策變化之後，企業獲得的銀行債務資金將出現變動。但是，由於銀企合約的剛性，這一變動將存在一定的時滯。

同時，貨幣政策將通過資產負債表渠道擴大不同類型企業外部融資額外成本的差異，引起貨幣政策變化後企業融資決策的新一輪變化。一方面，利率上升，現有債務的成本上升，企業現金流下降；同時，貨幣緊縮引起的購買支出減少將導致企業的收入下降，而固定成本短期無法調整，於是企業將出現「財務缺口」。另一方面，利率上升，資產價格下降，企業抵押價值下降。因此，當貨幣政策變化時企業的財務狀況和被授信可能性將隨之變化。在此，若將財務狀況和被授信可能性視作決定融資約束水平的關鍵變量，對於融資約束水平不同的企業，當它需要尋找新的貸款者並建立信用關係時，支付的額外成本將存在差異。最終，這些額外成本的差異將導致在貨幣政策發生變化時不同的企業具有不同的債務融資結構。

基於以上證據和分析，我們進一步做出貨幣政策與融資決策相關聯的如下假設：

假設3.1：貨幣政策發生變化時，銀行貸款將同向變動，而且隨著政策影響的持續，銀行貸款將替代銀行組合投資。

假設3.2：貨幣政策發生變化時，企業的財務狀況將較早出現變動，隨後銀行短期債務融資將同向變動。

假設 3.3：貨幣政策發生變化時，融資約束水平不同的企業其債務結構將存在差異。

3.2 VAR 模型設定和政策衝擊的經驗考察

3.2.1 變量選擇與模型設定

考察貨幣突然變化之後宏觀經濟總量的動態變化過程，採用的計算方法是向量自迴歸技術（VAR）。向量自迴歸包括一組迴歸計算的聯立方程組，其中每個變量的迴歸計算皆同時以該變量和其他所有變量的滯後值（滯後期的數值）作為自變量。初始的兩變量 VAR 模型如下：

$$X_t = a_1 x_{t-1} + a_2 x_{t-2} + b_1 z_{t-1} + b_2 z_{t-2} + \varepsilon_{1t}$$
$$Z_t = c_1 x_{t-1} + c_2 x_{t-2} + d_1 z_{t-1} + d_2 z_{t-2} + \varepsilon_{2t}$$

其中，a_i、b_i、c_i、d_i 是參數，擾動項 $v_t = (\varepsilon_{1t}, \varepsilon_{2t})$。參照戈特勒和吉爾克力斯特（Gertler & Gilchrist, 1993）的模型設定，下文擴展後的模型將包含四個變量：經濟的增長（GDP 對數值）、通貨膨脹水平（CPI 同比增幅）、與企業債務融資決策相關的財務變量、貨幣政策代理變量。基於估算出的聯立迴歸方程組，我們模擬其中變量隨時間動態變化的過程。在估算聯立迴歸方程組時，考察各個變量的平穩性採用單位根（ADF）檢驗，並針對非平穩的水平值進行協整（Johansen）檢驗。由於發現變量間存在長期均衡關係，我們將直接使用變量的水平值進行 VAR 模型估計[①]。按照前期研究，VAR 模型的滯後階數確定為 2（索彥峰、範從來，2007）。

[①] 下文的協整檢驗發現關鍵變量間均存在長期的均衡關係。結果報告省略，如需具體信息可向作者索取。

參照伯南克等人（Bernanke & Gertler, 1995）的研究，我們擬將 M_1 或利率變化看成貨幣政策變化的代理變量，當聯立方程組中 M_1 或利率方程出現擾動，我們就認為貨幣政策發生改變，那麼方程組中其他變量跟隨 M_1 或利率出現的變化，就是各個被觀察變量在貨幣政策緊縮之後，隨之而來的結構性動態變化。

　　本章最終確定將 M_1 作為貨幣政策變化的代理變量的另一個原因是：基於已經建立的 VAR 模型，使用 Granger 因果檢驗和脈衝回應函數來分析貨幣供應量與經濟的增長的動態關係，結果顯示，GDP 是 M_1 的格蘭杰原因（p = 0.04），且 M_1 在較高的棄真可能性下是 GDP 的格蘭杰原因（p = 0.11）[①]。這表明了中國貨幣具有內生性特點，同時中國貨幣一定程度上是非中性的，貨幣供給量這一仲介變量有助於解釋 GDP 的變動[②]。我們考察了一年期存款利率和一年期貸款利率與 GDP 之間的關係，結果顯示利率與 GDP 並不存在格蘭杰因果關係，表明利率無法解釋 GDP 的變動，這也與中國利率管制現狀相一致[③]。因此，下文

[①] 脈衝相應函數分析表明，在貨幣供給變動之後的第一個季度內，GDP 的變動與其顯著正相關，第二季度至第四季度 GDP 的受影響程度逐漸增加至最大，達到最大後逐步遞減。

[②] 近年來，外匯占款造成龐大的基礎貨幣投放，中國存在流動性過剩問題，中央銀行的貨幣政策目標將以調控流動性為主，即綜合運用各種貨幣政策工具來調控貨幣供應量（賀強等，2008）。

[③] 「改革開放之前，中國利率幾乎不具有資源配置的調節功能，基本是一種成本核算工具，加上為了鼓勵生產、促進投資，中國一直人為壓低利率。如果綜合考慮顯性和隱性的通貨膨脹，當時長期實際負利率是一個常態。」1993 年中共中央和國務院提出利率市場化的基本設想，2003 年利率市場化改革的總體思路形成，即先放開貨幣市場利率和債券市場利率，再逐步推進存貸款利率的市場化。中央銀行的宏觀調控機制是利率市場化的配套機制，1998 年之後央行停止信貸規模控制，採用準備金率、再貼現和公開市場操作作為調控手段，2000 年之後公開市場操作的重要性也日益凸顯。但是，貨幣當局目前仍然關注貨幣供給和信貸總量，除人民幣協議存款、外幣大額存款與貸款利率、貨幣市場利率、企業債之外的債券利率，或多或少地存在利率管制（賀強等，2008）。

考察貨幣政策與信貸決策時將重點關注 M_1 變化帶來的影響。

根據理論分析部分、上述模型的討論，結合中國貨幣政策變量的效應，主要變量界定如表 3.1 所示。

表 3.1　　　　　　　　主要變量設計

變量名稱	變量定義
「貨幣政策與產出」	
貨幣供應量（M_1）	各個季度 M_1（狹義貨幣供應量）的累計額
利率水平（Rr）	一年期存款利率、一年期貸款利率，具體採用當季首次調整前，或以前季度最近一次調整後的利率
通貨膨脹水平（CPI）	取各季度末月 CPI 的同比增幅
經濟的增長（GDP）	各季度的真實 GDP 水平
「商業銀行資產與負債」	
銀行存款（Deposits）	各季度金融機構人民幣信貸收支表中各項存款總計
銀行貸款（Loans）	各季度金融機構人民幣信貸收支表中各項貸款總計
銀行組合投資（Investments）	各季度金融機構人民幣信貸收支表中有價證券及投資總計
「企業總體財務狀況及債務融資」	
覆蓋比率（cover rate）	當期財務費用合計／（當期財務費用合計+當期利潤總額合計）
營業利潤（Return）	當期營業利潤合計
短期借款（Sdebt）	當期短期借款合計+當期一年內到期的長期負債合計
利息費用（Fee）	當期財務費用合計
貿易應付款（TC）	當期應付帳款、應付票據、預收帳款三者加總之後的合計

表3.1(續)

變量名稱	變量定義
長期借款（Ldebt）	當期長期借款加總之後的合計
發債收現（Cash_bond）	當期發行債券收到的現金合計
企業規模（Size）	依據期初樣本企業總資產排序，小於30分位、大於70分位的企業分別定義為小、大企業。

註：表中「企業淨資產」類各個變量的計算按照財務報表列報的要求進行。選擇 M_1 作為貨幣政策狀態指標的另一理由參照索彥峰等的分析（索彥峰等，2007）。考慮到中國企業債券融資業務數量較少，下文實證部分採用「發債收現」指標進行分析。

需要特別指出，我們將規模作為融資約束水平變量的基本理由在於兩點：第一，規模雖然不是影響企業融資的直接因素，但是它與那些發揮作用的初始因素相關。與信息摩擦相關的外部融資成本、企業特定的財務風險水平、企業的抵押價值，這些影響融資程度的變量均與企業的規模相關。第二，規模大小也與外部融資的方式相關。證據表明小企業主要依賴間接融資，而大企業則傾向於股權、公司債、商業票據等直接融資（Gertler & Hubbard, 1988; Gertler & Gilchrist, 1994）。此外，選擇規模作為融資約束水平變量可以將我們的研究與前期的研究結論進行有效比較。

其他非財務因素同樣可以解釋兩類企業的融資差異。以銷售為例，大企業可以在經濟繁榮時通過向小企業外包以滿足增長的需求，在緊縮時通過內部生產來滿足，而小企業則無法通過此類方式實現資金的餘缺調劑。於是，在下文分類考察時將對銷售規模的影響進行控制。此外，行業因素也可能會導致規模不同的企業融資存在差異。然而，經驗證據表明行業差異並不能有效解釋大小企業的週期性融資差異（Gertler & Gilchrist, 1994）。

3.2.2 樣本選擇及數據說明

由於 1997 年以後，中國人民銀行進一步擴大了貨幣供給量的統計範圍，各商業銀行所屬的房地產信貸部、國際業務部和信用卡部等部門、機構數據也計算在貨幣供應量中，導致 1997 年前後的貨幣供應量涵蓋範圍不同。在此之後，1999—2009 年為中國第一個市場化的商業週期，經濟制度已由計劃體制轉向市場體制（劉樹成等，2009）；同時，貨幣政策執行已經從利用「綜合信貸計劃」「貸款規模限額」「現金發行計劃」等直接調控手段轉向「票據再貼現」「公開市場操作」「再貸款」「調整儲備比率」等間接手段。關於這一期間的研究，已有分析表明：1998—2002 年，中央銀行的貨幣政策操作似乎更多是擴展貨幣供應量，而在 2003 年以來的投資高增長和潛在物價水平上升的壓力下，貨幣當局似乎更依賴於控制金融體系的信貸供給量（李揚等，2009）。考慮到銀行資產、負債數據獲取的可行性，下文實證第一部分的樣本區間為 2000 年第一季度至 2010 年第四季度。鑒於季度財務數據的可獲得性，涉及公司債務融資決策的樣本觀測起止時間確定為 2002 年第一季度至 2010 年第四季度。

關於研究使用的數據，GDP 來自中國國家統計局網站，M_1、利率、銀行存款、銀行證券組合投資、銀行貸款來自中國人民銀行（調查統計司）網站統計數據。鑒於國家統計局、財政部企業司等部門發布的企業總量數據，要麼僅為國有大中型企業，要麼缺少本章所關注的指標，我們採用深圳和上海證券交易所 A 股非金融類上市公司數據進行公司層面指標的總量分析，數據來自 WIND 數據庫。在具體數據處理中，為了避免公司樣本極值對統計分析的影響，採用 winsorization 方法對離群值進行處理，對所有小於 1%分位數（大於 99%分位數）的變量，令其值

分別等於 1% 分位數（99% 分位數）。為了消除季節變動的影響，我們使用 X-11 法對總量數據進行季節調整。所謂季節調整是指一個從時間序列中估計和剔除季節影響的過程，目的是更好地揭示季度的特徵或基本趨勢。部分調整後的數據取自然對數，以消除時間序列存在的異方差。

表 3.2　基於規模的企業債務融資結構年度比較

各類債務占比	按企業規模劃分（size）					
	所有企業		小企業		大企業	
	2002 年	2010 年	2002 年	2010 年	2002 年	2010 年
短期債務（Sdebt）	36.087	23.602	37.719	30.750	36.034	23.511,0
貿易應付款（TC）	30.420	30.434	34.264	52.958	30.212	30.250,8
長期借款（Ldebt）	32.210	26.708	27.987	16.151	32.415	26.802,5
應付債券（Bond）	01.275	19.254	00.040	00.143	01.342	19.435,7
合計	100	100	100	100	100	100

註：由於公司債務融資變量的樣本觀測起止時間確定為 2002 年第一季度至 2010 年第四季度，本表統計 2002 年和 2010 年的數據進行比較分析。

對 A 股非金融類上市公司的債務結構數據進行分類比較，結果如表 3.2 所示。我們發現，近 8 年來樣本公司的貿易應付款占比並未明顯發生變化，而應付債券占比大幅上升，由 1% 增加至 19%，同時長期借款和短期債務占比大幅下降，其中短期債務下降近 13 個百分點。這表明中國債券市場的發展取得了一定的成果，企業融資方式的多樣化程度加大。按規模分組進行債務結構比較，我們發現小企業的短期債務和長期借款占比均下降，特別是長期借款下降近 12 個百分點，同時貿易應付款占比大幅上升，接近 19 個百分點；大企業的短期債務和長期借款占比同樣下降，但是短期債務大幅下降的同時應付債券占比大幅上升。這一狀況表明，隨著債券市場的發展，大企業更多地採用了替代性債務融資方式，而小企業只能通過商業信用方式替

代銀行債務資金（特別是針對長期借款），即大企業享受到了更多的金融創新的好處，受到的流動性約束較小。這與本章假設3.3的預測基本一致。

3.2.3 實證結果

（1）貨幣政策與商業銀行貸款供給

貨幣政策變化引起銀行信用（貨幣）總量變化時，銀行的資產結構是否會發生相應的調整？依據模型設定，本章重點關注的變量分別為銀行資產中的貸款、組合投資，銀行負債中的存款。

圖3.1是銀行資產、負債指標對貨幣政策變量 M_1 一個標準差偏離的脈衝回應函數，它們描述了貨幣政策對銀行資產與負債的動態影響。圖3.1中的實線表示相應的脈衝回應函數，虛線則表示正負兩倍標準差的偏離帶，下文同此。

圖3.1表明，Loans, Deposits 和 Investments 三者共同決定了 M_1 的供給。第二列的三幅圖顯示了中國貨幣派生的基本路徑：貸款對貨幣的影響滯後於存款2個季度，存款與貸款的同向變化對 M_1 產生正向影響，且滯後至第四季度時達到最大，同時銀行的投資組合對 M_1 的影響呈負相關，且滯後至第五個季度時才發揮作用。此系列的變化說明，中國貨幣供給的短期變化，如2個季度或1年，更多地與銀行的存貸業務相關聯。

至於 Loans, Deposits 和 Investments 受到的影響，第一列的三幅圖顯示：在 M_1 變動後銀行投資組合變動在第一個季度內並不顯著，貸款與存款的變動在一年內同步達到最大，且在第2~5個季度內投資組合的金額下降到最小。這表明貨幣政策發生變化時，銀行的資產負債呈現出一致性的正向變化，一年內所受到的影響達到最大，且在後半期貸款會對組合投資產生替代效應，這一結果與假設3.1相一致。

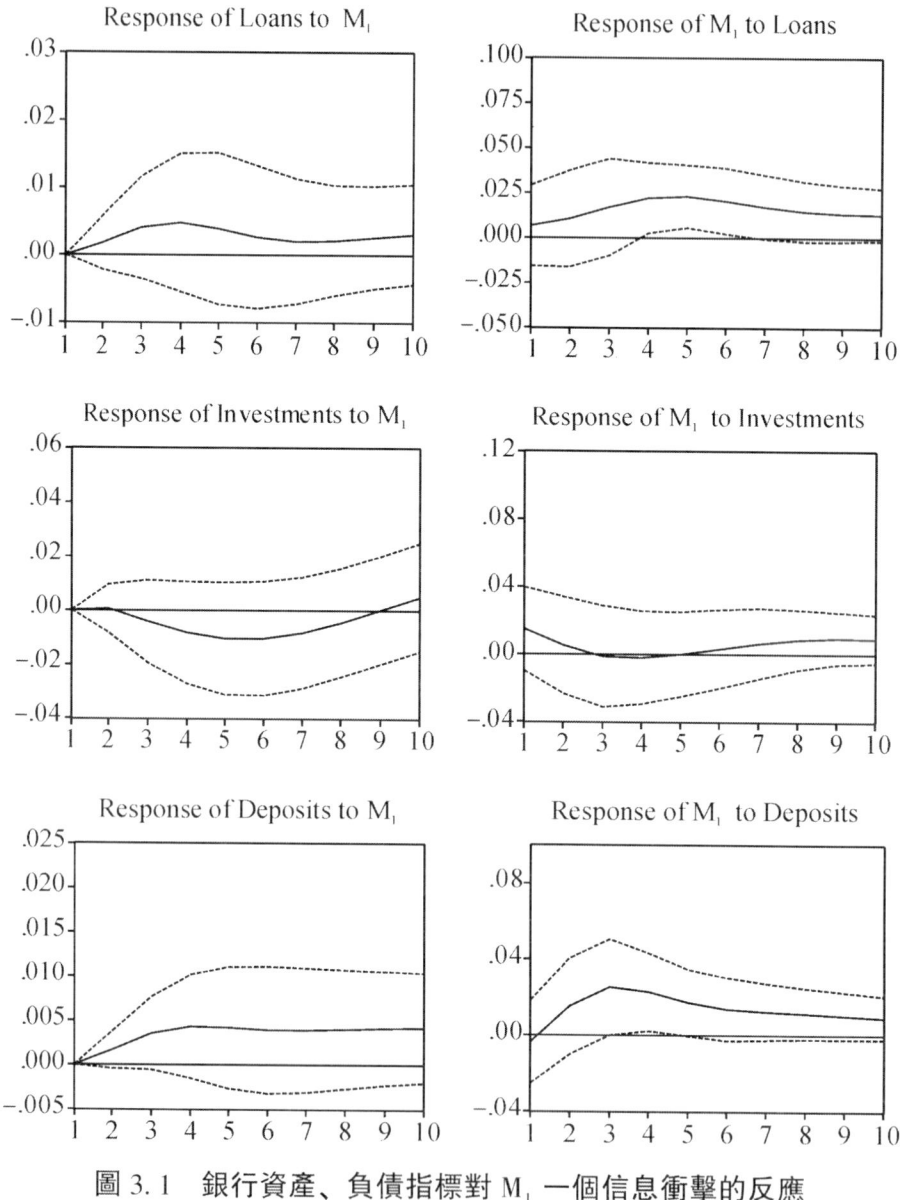

図 3.1 銀行資產、負債指標對 M_1 一個信息衝擊的反應

  Kashyap, Stein 和 Wilcox 對商業票據與基準利率之差和商業票據在債務中的占比進行了分析，認為銀行貸款下降和銀行票據發行的增加引起的政策緊縮是銀行貸款渠道存在的證據，發現銀行貸款增速在緊縮期之後兩年明顯下降，同時信貸占比在之後第一個年度內顯著下降（Kashyap, Stein, Wilcox, 1993）。

顯然，我們的證據與國外的這一結論相一致。該結論也與索彥峰等人早期的研究結果一致（索彥峰、範從來，2007）。本章的觀察一定程度上證實了銀行貸款渠道發揮作用的條件之一，即銀行的資產、負債會受到貨幣政策變化的影響。在貨幣政策發生變化時銀行的放貸會受銀行自身狀況變化的影響，這預示著銀行貸款渠道可能會對企業的銀行債務融資產生影響。

（2）貨幣政策與企業債務融資變動

在中國，銀行是金融仲介的主體[①]。當貨幣政策變化時，與銀行信貸相關的企業的財務狀況及債務結構是否隨之發生變化？參照 Gertler & Gilchrist（1994）和 Bernanke & Gertler（1995）的研究，進一步考察企業利潤、短期借款及利息的變動。關於貨幣政策與企業財務狀況、短期借款之間的關係，基本證據如圖3.2。

圖3.2中，Cover rate 與 M_1 之間的關係意味著：在貨幣政策寬鬆時，企業的財務狀況迅速好轉。結合 Return，Sdebt 和 Fee 的變化，分析發現，利潤一個季度後的大幅上升，短期借款和財務費用二個季度之後的同向變動，共同導致了貨幣政策寬鬆時二個季度內企業財務狀況達到最佳，二個季度之後隨著債務和財務費用的增大企業的財務狀況出現反轉。這一狀況表明，貨幣政策變化，最終需求上升，可能引起利潤上升；同時，為了增加存貨，短期借款上升，利息增加，但存在滯後性；加之，利率下降，利息支出一定程度減少，這些共同導致了覆蓋比率

[①] 由於中國銀行業整體產品單一、同質性強，中間業務很不發達，高額儲蓄加上資產供給的相對不足導致大量貨幣以儲蓄的形式停留在銀行體系中。更由於受到金融體制的限制，除了貸款以外，商業銀行將沉澱在自身體系中巨額儲蓄主要用於購買國債、金融債和中央銀行票據，但這些資產相對貸款來說收益較低，在一定程度上影響到商業銀行的盈利水平，因此銀行更願意通過發放貸款的形式謀取相對較高的利潤（賀強等，2008）。

的下降。反之，貨幣政策緊縮將會在短期內惡化財務狀況。圖 3.2 的證據與假設 3.2（當貨幣政策發生變化時，企業的財務狀況將較早出現變動，隨後銀行短期債務融資將同向變動）相符。該證據也與 Bernanke & Gertler（1995）的結論一致。他們研究表明：由於利率上升，利息支付增加、利潤下降，引起現金流下降；由於利率上升，毛收入下降快於員工收入的下降，利潤自然下降，影響到現金流，這些因素共同導致財務狀況惡化。

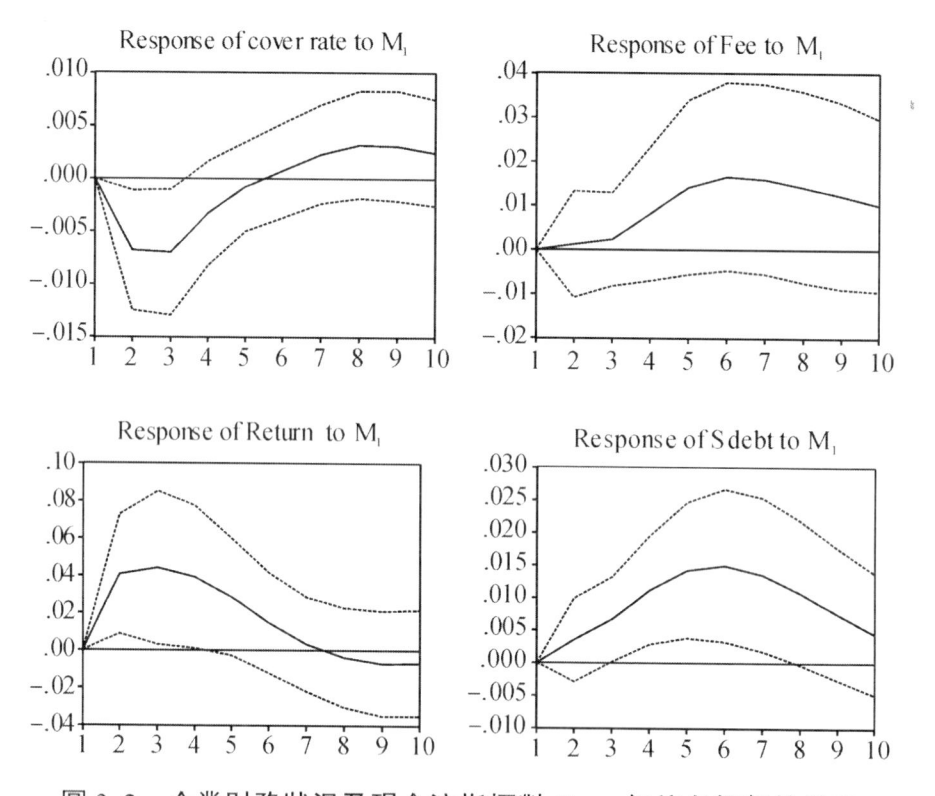

圖 3.2　企業財務狀況及現金流指標對 M_1 一個信息衝擊的反應

進一步關注信貸市場摩擦對貨幣政策傳導的影響，以下主要考察不同類別借款人債務融資結構上的差異。按照企業規模分類，我們具體分析大、小企業的銀行債（定義為長短期借款）與非銀行債（定義為發行債券收到的現金與貿易應付款）的變化。

如圖 3.3 所示，對大、小企業 Ldebt，Sdebt 和 Tc 進行了分類比較①。結果是，大企業的長、短期債在政策變化後相對小企業均有較快的同向變化。對融資結構中的貿易應付款項進行考察，證據顯示，與大企業不同，小企業的 Tc 隨 M_1 在前兩個季度反向而動，這表明小企業在政策緊縮時可以通過貿易應付款彌補短期的資金缺口。該結論與 Kashyap 等的研究不一致，作者認為貨幣政策緊縮時期是商業票據而不是貿易應付款替代了銀行貸款（Kashyap, Stein, Wilcox, 1993）。顯然，由於企業商業票據業務的有限，在中國真正產生替代的是貿易應付款。對於 Cash-bond 的變動，圖 3.3 中的證據顯示，在貨幣政策變化之後，小企業會在短期內（之後兩個季度）出現對債券發行的正向依賴，但大企業受到的影響則相對平穩。這表明，在緊縮時期小企業將不能通過債券發行持續性地替代銀行債務融資②。這一結論與 Kashyap 等的研究相一致（Kashyap, Stein, Wilcox, 1993）。

基於以上證據的判斷：在貨幣政策發生變化時，因為抵押價值和財務風險的不同，不同企業來自銀行的債務融資存在差異，而且貿易應付款占用和債券融資水平對銀行債務融資的替代存在差異，這與假設 3.3（貨幣政策發生變化時，融資約束水平不同的企業其債務結構將存在差異）一致。

---

① 在 Gertler 和 Gilchrist 的研究中，作者依據真實 GDP 的對數、通貨膨脹率、名義聯邦基金利率、財務總量數據的對數，在 VAR 的估計中使用季度數據，並採用每個變量的 4 期滯後值（Gertler & Gilchrist, 1993）。同前文所述，我們應用同樣的方法，但是採用 2 期滯後值進行計算。

② 本部分的描述性統計顯示小企業相對大企業的債券發行額幾乎為零。總體而言，企業債是一種主要的債券品種，但在相對規模結構上幾乎微不足道，截至 2007 年 8 月末，在相關債券品種中，企業債僅占 2.9%，而國債、央票和金融債分別為 37.3%、32% 和 25.3%（賀強等，2008）。

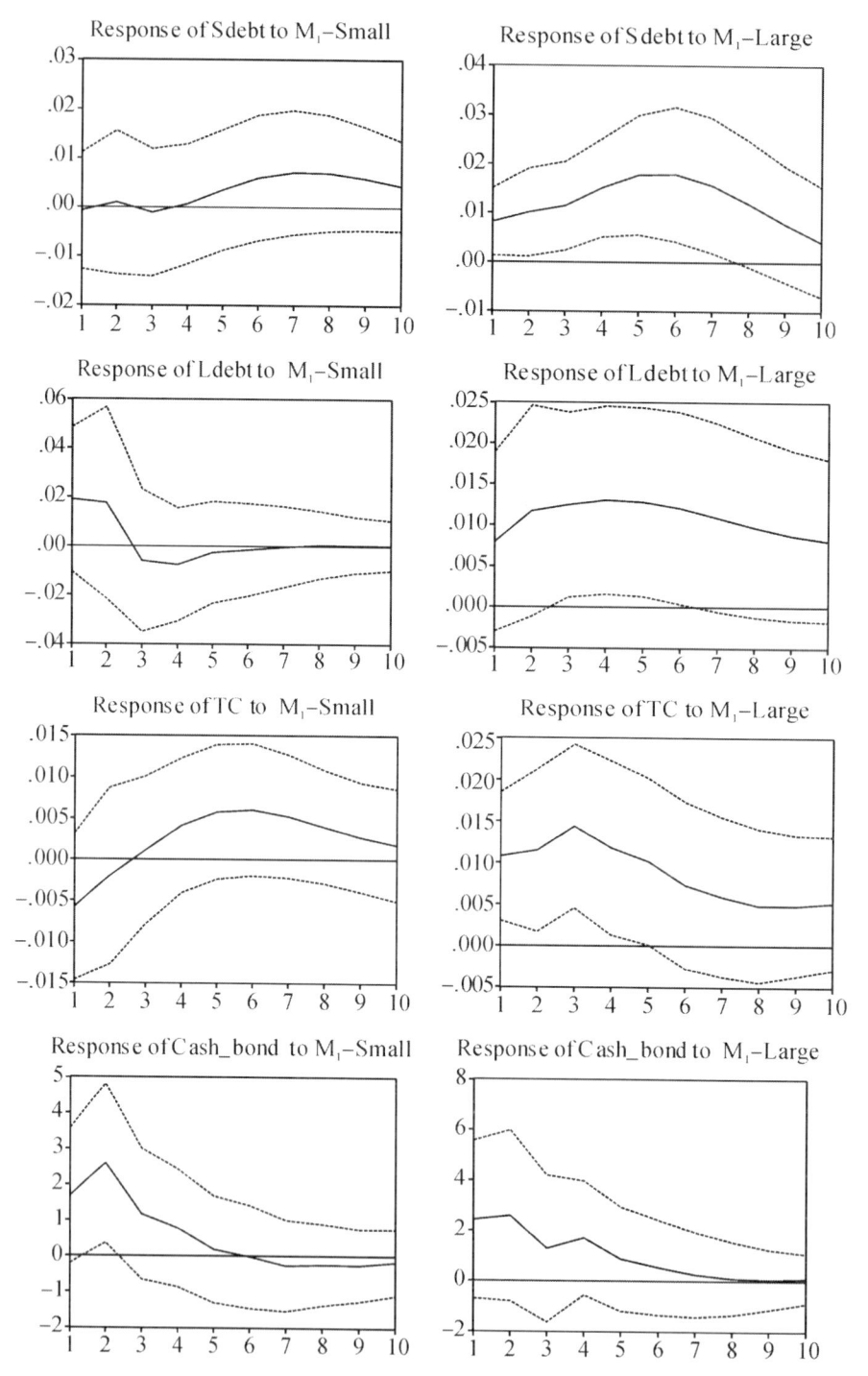

圖 3.3　大、小企業長（短）期債務、債券融資現金流和貿易應付款對 M_1 一個信息衝擊的反應

3.3 融資決策相對政策變動的滯後性

本章主要考察了兩個方面的關係，即貨幣政策與銀行資產負債總量的調整、貨幣政策與企業財務狀況及債務資金來源的總量調整。

基本結論是：貨幣供應量變化、信貸總量變化通過信用渠道（銀行貸款渠道和資產負債表渠道）影響企業的決策，進而導致各類債務融資的調整方式出現差異，而且這種調整對於融資約束不同（規模不同）的企業存在差異。與已有公司財務角度的研究不同，採用宏觀金融研究的基本方法（VAR），我們關注貨幣政策仲介變量變化之後金融仲介（商業銀行）業務、企業財務狀況和融資決策的動態變化。除了得到支持信用渠道理論的基本證據，我們發現貨幣總量指標相對利率指標更有助於揭示政策的變化，企業債務融資決策受貨幣政策的影響在2個季度至1年後達到最大，而且短期銀行債與長期銀行債的變動並不同步。

研究的理論意義在於：對於基於公司樣本的微觀融資決策研究，考慮到貨幣政策效應的時滯，基於年度公司數據的分析一定程度上可能會遺漏政策信息，採用相同的季度滯後期去觀察短期銀行債與長期銀行債數據可能會存在觀測偏誤，於是在考察政策效應時研究人員權變地選擇觀測樣本尤其顯得重要；以往公司融資研究中的貨幣政策代理變量選擇也值得反思，雖然信貸總額的確定與信貸緊縮期的甄別可以就信貸政策的松緊形成初步判斷，但是總體的流動性過剩或緊缺會通過多個渠道影響到企業的融資決策，因此在信貸政策分析中關注貨幣總量指標將具有重要的補充作用。

本章的現實價值在於：對於決策實踐中的企業，應該密切關注特定的貨幣政策工具操作，注重對銀行資產類業務調整的分析，積極應對企業資金流轉中的問題，通過及時調整債務結構，保證資本的持續而有效地供給；就國家逆週期調整的政策實踐而言，由於政策的時滯性和大小企業對政策反應的差異，在貨幣政策的制定與實施中，央行除了關注國有企業與非國有企業表現在債務融資上的異質性，還應該關注不同規模企業之間的異質性。正如 2011 年 10 月 12 日「新國九條」的出抬對「小微企業」財務扶持計劃所體現的原則，即基於企業自生能力和紓解市場摩擦能力的不同而區別對待。

　　正如伯南克所述，從實證研究角度區分資產負債表效應和銀行貸款渠道效應及其困難，而且隨著金融管制的不斷放松和金融創新的不斷深化，銀行貸款渠道的重要性將隨時間下降，關於其存在性的證明也將更加困難。本章只能通過觀察銀行資產負債結構的變化來證實銀行貸款渠道發揮作用的條件，而不能預測在貨幣政策變化時銀行債務資金成本的變化是否由信貸總量的變化所引起。因為本章提供的證據——企業債務結構的變化，雖然是由資金成本的變化所致，但是這一變化更一般的意義上是由資產負債表渠道下財務風險變動和企業抵押價值所引起。於是，清晰界定相關證據的理論解釋還需做進一步的分析與驗證。

4 信用渠道下的融資決策：
信息不對稱[①]

理論綜述部分和第三部分研究表明，不但可以通過宏觀經濟狀況對企業的資本結構進行解釋，而且特定的貨幣政策會通過傳導機制影響到企業的融資。然而，在中國針對特定商業週期時段的貨幣政策進行融資研究的經驗文獻僅有兩篇：葉康濤等人僅僅通過信貸緊縮期觀測了不同企業的銀行貸款情況，而曾海艦等人在研究中確定的事件期（如 1998 年的信貸擴張）處於中國金融業市場化的早期。第三部分的研究表明，在貨幣政策影響企業融資決策時信用渠道可能發揮作用，但具體機制還需進一步研究。中國逆週期變動的貨幣政策在微觀層面如何具體作用於企業的融資決策？如何進行相關的理論解釋？如何選擇特定時期貨幣政策的代理變量？這些均需要深入考察。基於此，本章將考察貨幣市場化以來的七年中（2003—2009 年）企業融資決策與貨幣政策的關聯，通過分析貨幣政策與企業融資選擇的狀況，闡述企業融資決策中信用渠道及信息不對稱的具

---

① 第三章的研究表明，信用渠道在中國可能維繫著貨幣政策變動與企業債務融資決策之間的聯繫，而且這種關聯存在季度滯後性。本章及下一章將在這一總體判斷的基礎上，合理選擇政策代理變量，通過微觀企業融資數據，系統性地考察特定商業週期下信用渠道對貨幣政策與微觀決策關聯的影響。

體影響。

如圖4.1所示，具體研究工作分為理論分析和經驗論證兩大部分。理論分析中，對近年來側重宏觀因素考察的研究進行梳理，圍繞信息不對稱問題、信用渠道和信貸配給理論，形成初步假說，即「信用觀」下（由於信息不對稱）處於不同約束狀態的企業其融資決策在貨幣政策的松緊期表現各有所不同。

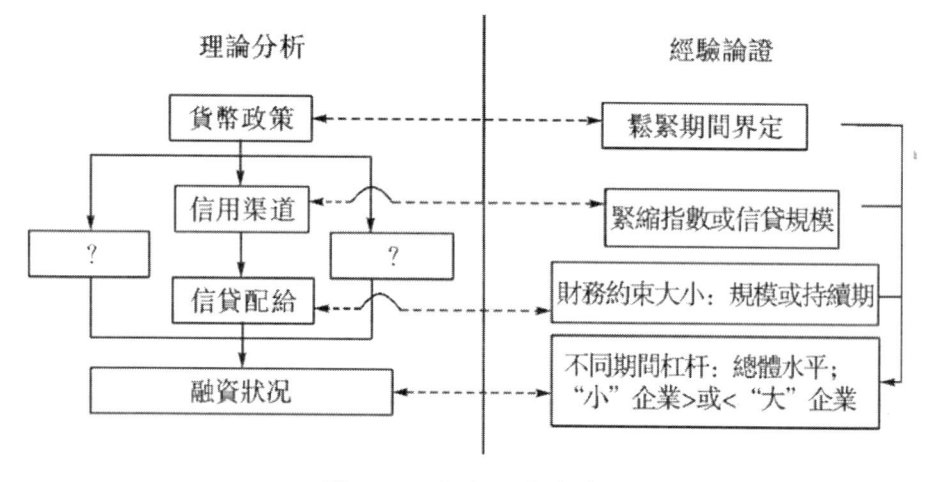

圖4.1 本章研究內容

經驗論證具體包括以下幾個方面：①通過「事件考察」，確定貨幣政策的松緊期，並分析各個時期的信貸狀況；②概述信用渠道、信貸配給和融資狀況的代理變量，基於理論設定基本模型；③直觀考察不同約束程度下的資本結構分佈情況，尋找槓桿率與特定事件期（緊縮或寬鬆）之間的相關關係，（考慮到貨幣政策影響融資決策的時滯將松緊期間作為信用渠道的代理變量）結合信貸配給考證資本結構變動的原因，最後通過信用渠道的其他代理變量驗證結論的穩健性。

信貸摩擦（信息不對稱）的存在影響著企業對負債水平的選擇，這一突破MM借款供給無限彈性的假說，得到許多國外學者的考察和分析。「信用觀」下信用渠道理論描述了特定貨幣政策下的信貸供給行為。當貨幣政策發生變化，從而影響信貸

供給時，未受約束企業的財務結構變化在政策緊縮時更加敏感，而受約束企業的槓桿率隨著政策的緊縮（寬鬆）而減小（增大）。基於這一假定，對 2003—2009 年的融資決策狀況進行經驗分析，發現信貸供給中的信息不對稱確實對企業的融資決策產生系統性的影響。

具體經驗證據表明，中國的貨幣政策傳導機制主要體現為「信用渠道」。在 2004 年度經濟上行、貨幣政策緊縮，企業的負債比率降低，小企業（財務受約束企業）的變化更加顯著，顯著地被迫調整。然而，在 2009 年度經濟下行、貨幣政策寬鬆，企業的負債比率仍然降低，其中小企業（受約束企業）的變化仍然更加顯著，資本結構相對貨幣政策的調整並不敏感。這一「貨幣政策非對稱性」現象可以由「信用渠道與信貸配給」給予部分解釋①。然而，其他方面的原因（圖 4.1 中的「?」所標示）可能是黏性下的非對稱費用調整、企業主體預期差異等。

4.1　信息不對稱對融資決策的影響

貨幣政策傳導機制——「信用渠道」下的融資決策涉及兩方面的信息不對稱分佈。一是貨幣政策變動引起銀行的債務變

---

①　當貨幣政策緊縮時，受約束企業與未受約束企業資本結構的差異驗證了信用渠道理論及信貸配給理論；然而，在政策寬鬆時，資本結構調整的證據並不支持「信用觀」的預測，可能符合「貨幣觀」的解釋。該證據與貨幣金融理論中的「貨幣政策的非對稱性」完全一致。即「一般認為，在經濟收縮階段擴張性貨幣政策對經濟的加速作用小於在經濟擴張階段緊縮貨幣政策對經濟的減速作用」。在貨幣金融經驗研究領域，研究者通常關注貨幣政策與總產出的關係，側重總投資方面的解釋。顯然，我們關於企業融資狀況與貨幣政策關聯程度的考察提供了「非對稱性」的新證據。同時，這一發現為人們理解資本結構決定中的未知因素提供了可能。

化時，信息不對稱導致銀行不能及時調整資產結構，促使銀行可使用的信貸額（銀行的資產業務之一）出現變動。二是銀行的可用信貸總額變動時（特別是減少時），銀企間的信息不對稱導致企業可能出現逆向選擇和道德風險，由此引起的銀行的信貸配給（鑒於自身的利潤和風險，銀行放棄向願意支付較高利率的企業放貸）[1]。

信息不對稱會影響商業銀行的資產結構調整（在貨幣政策變化時），進而導致信貸總量的變化；同時信息不對稱會影響銀行對企業的識別，進而影響企業的融資決策。特別是，信貸配給的存在使得銀行的地位更加突出。Stiglitz 和 Weiss 的分析表明，貸款供給的減少會導致貸款配給程度的增大，特別是對處於風險邊際的那類企業，而處於安全類企業的借款並不會受到影響（Stiglitz & Weiss，1981）。

按照經典理論模型（信貸配給）的解釋，在信貸活動中利率發揮著信息甄別機制的作用。銀行考慮到自身的利潤，並不會對可以承擔高利率並具有高風險的借款人提供信貸資金。在圖 4.2 中，存在信貸配給下的市場均衡。因為資金的需求由銀行要求的（借款人所承擔的）利率（r^*）所決定，而資金的供給由信貸給予銀行的回報（ρ）所決定。資金需求是借款人所承擔的利率的減函數，該關係在第一象限中由 L^D 表示。借款人所承擔的利率與信貸給予銀行的回報之間存在非線性關係，該關係在第二象限中表示。在第三象限中，非線性的曲線描述了銀行回報（ρ）與信貸資金供給（L^S）之間的關係，即資金供給

---

[1] 當存在信息不對稱時，締約雙方簽訂合同之前，佔有較多信息的一方會基於自身的利益從事虛假信息的披露（逆向選擇），此時需要信息披露機制和信號甄別機制，以降低逆向選擇行為；在締約雙方簽訂合同之後，佔有較多信息的一方會基於自身的利益實施損害另一方的行為（道德風險），此時需要監督機制和激勵機制，以降低道德風險行為。

是銀行回報的增函數。在第四象限中，圖形刻畫了信貸資金供給 L^s 與借款人所承擔的利率之間的關係，該關係由利率對銀行回報的影響所決定。

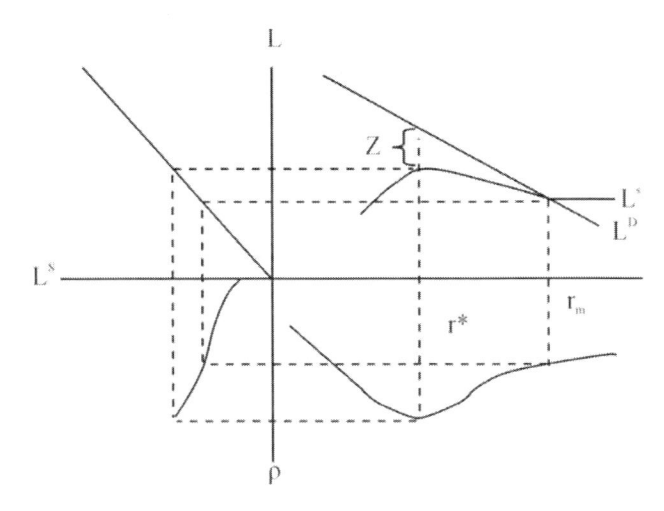

圖 4.2 信貸市場均衡的決定

給定圖 4.2 的關係，在利率為 r^* 時資金的需求超過資金的供給，而且任何銀行提升貸款利率將引起其回報下降。圖 4.2 中，Z 表示超額資金需求量。值得關注的是，在貸款利率為 r_m 時資金的需求等於資金的供給，然而 r_m 不是均衡的市場利率，銀行可以通過 r^* 獲得比 r_m 更多的回報，在較低的利率（r^*）下銀行至少可以吸引所有那些可以承擔較高利率（r_m）的借款人，而且可以獲得較高的回報。

此外，Holmstrom 和 Tirole 的經驗證據表明，出於監督的考慮，如果銀行信貸資金減少，它就可能停止風險較大的貸款，以滿足貸款組合中的風險標準（Holmstrom & Tirole, 1997）。同樣，早期的理論分析表明，若信貸供給的基金約束變動，銀行貸款成本與數量配給將發生變化，而且，銀行在道德風險防範時會向借款人發放小於其要求的貸款額（Jaffee & Russell, 1976）。

4.2 信用渠道及相關假設

對於貨幣政策傳導機制的解釋，在貨幣金融研究領域存在「貨幣觀」和「信用觀」兩種。在希克斯等構建的 IS-LM 模型下貨幣政策通過利率渠道傳導，而以弗里德曼為代表的貨幣主義者進一步認為還有匯率、股票價格、財富效應以及房產土地價格等渠道，這些統稱為貨幣渠道，即貨幣觀。與此「競爭」的另一類渠道統稱為信用渠道，即信用觀是指貨幣政策的變化通過銀行系統引起了信貸市場的系統性變化，從而影響實際經濟。盛松成和吳培新基於 1998—2006 年的數據，對中國貨幣政策的仲介目標、傳導渠道進行了實證檢驗和理論分析。研究發現，M_2 和貸款規模作為貨幣政策的仲介目標調控著不同的領域，信貸規模主要針對實體經濟，而貨幣供應量主要針對金融市場，作者認為這是中國央行的現實選擇（盛松成、吳培新，2008）。另有專家認為，中國的資本市場欠發達，資產價值評估的可行性較低，且貨幣供應和利率手段實施的能力有限（李揚，2008）。基於這一狀況，我們將主要圍繞信用觀下的銀行貸款渠道和相應的信貸配給理論對中國貨幣政策的影響進行分析[1]。

在貨幣政策傳導機制分析中，圍繞信用觀存在兩種考察貨

---

[1] 短期宏觀經濟的基本分析框架包括由技術、資本等決定的總供給和與財政、貨幣政策相關的總需求。在本部分中我們關注貨幣政策變動對企業融資的影響。貨幣政策對企業的影響可以概述為：央行改變準備金；貨幣供給變化；利率和信貸條件變化；基於投資的融資變化。對於貨幣供給與需求的考察，按照古典的靜態方法銀行供給與企業的需求在完美貨幣市場下可以形成均衡的單一利率，市場即可出清，不會造成資金的無效配置。但是，在市場存在摩擦時信息不對稱、交易成本的存在，使得基於單一利率的分析無法對貨幣政策的作用方式給予完整的解釋。

幣政策效果的理論，即銀行貸款渠道與資產負債表渠道。銀行貸款渠道方面的研究者認為，信用市場的信息不對稱導致銀行在金融體系中扮演特殊的角色。在 Tobin 和 Brainard，Brainard 等人的基礎上（Tobin & Brainard, 1963; Brainard, 1964），Bernanke 和 Blinder 對貨幣政策的信用觀點做出了開創性和經典性的研究。他們認為 IS-LM 模型採用非對稱的方法分析貨幣與 GNP 之間的關係，而基於銀行資產負債表的貸款供求分析和存款供求分析可以均衡地考察信貸、貨幣、GNP 之間的關係。在傳統的 IS-LM 模型的基礎上，他們放鬆了銀行信貸和市場債券之間的完全可替代性假定，由 CC（商品和信貸）曲線替代原來的 IS 曲線。其主要結論是：如果貨幣需求衝擊比信貸需求衝擊更加重要，那麼，盯住信貸規模的貨幣政策可能比盯住貨幣供應量的政策更好（Bernanke & Blinder, 1988）。他們隨後的研究結果表明，除了銀行存款對貨幣政策做出系統性反應外，銀行的資產（證券和貸款）結構也對貨幣政策做出系統性的反應，銀行信用渠道是貨幣政策傳導機制的重要組成部分（Bernanke & Blinder, 1992）。依照 CC-LM 模型的分析，中央銀行採用存款準備金率、再貸款利率等貨幣政策工具，影響商業銀行可供借貸的資金，進而影響銀行貸款數量。資產負債表渠道是指由於信用市場的信息不對稱，企業的淨值越低其借貸過程中的逆向選擇和道德風險問題就越嚴重，銀行對其借款減少；而擴張的貨幣政策實施會引起價格水平和權益價值上升（或短期利率下降會導致企業現金流支出減少），進而使企業借款中的逆向選擇與道德風險問題減少，銀行對其借款增加。此外，能夠降低利率的擴張性貨幣政策可以通過與逆向選擇相關的信用配給機制

發揮作用，影響企業的借款（Stiglitz & Weiss，1981）①。

　　按照經典理論模型（信用渠道），通過銀行系統考察信貸流量對企業槓桿的影響，存在兩個基本前提：①貸款不能被銀行所持有的其他資產所完全替代；②企業在各種債務資源之間的轉換存在障礙和成本。如果銀行的資產無替代性，那麼其存款的減少會帶來貸款的減少；如果企業不易採用其他的融資方式，那麼一旦介入銀行融資就可能產生依賴。於是，貨幣政策變化與債務融資具有了必然的聯繫。

　　此外，信貸配給的存在使得銀行的地位更加突出。當可供借貸資金供給變化時，銀行可能會歧視性地改變信貸的可行性和成本，而不是通過完美市場下利率的調整，實現市場的出清。

　　由於央行貨幣政策的變化，那麼商業銀行資金的稀缺性成為可能；由於信貸配給的存在，那麼債務市場得以細分。因此，銀行資金來源上的變化將改變財務約束企業銀行借款的相對成本和可行性，貨幣政策衝擊前後這些企業的槓桿率和銀行貸款比例應該出現差異。這一供給摩擦的效果可以通過比較這些企業與財務約束較弱的企業的資本結構而得到識別。顯然，約束較弱的、較透明企業的槓桿率可能不會在銀行資金約束的變化中受到多大影響；而且，已有證據表明約束較強的企業更容易受到寬鬆政策的影響（Leary，2009）。基於上述分析，我們得到如下假設：

　　假設4.1，在貨幣政策寬鬆（或緊縮）時，財務約束較強的企業，其槓桿率和銀行貸款比例會增加（或減小）。

---

　　① 在我們的研究中，將資產負債表渠道與信貸配給合併討論。雖然涉及宏觀因素分析的文獻關注貨幣觀下貨幣供給、利率、產出的影響，也涉及企業資產負債表的狀況分析，例如，Kiyotaki 和 Moore 於1997年的理論研究。但是，資產負債表渠道所側重的資產價值分析是與銀行貸款渠道直接相關的。

另外，由於約束較弱的企業具有採用其他方式融資的能力，如銀行的短期借款、債券發行、外部權益融資；而且會向約束較強的企業進行商業信用融資（Calomiris & Himmel-berg & Wachtel, 1995），這類替代使得同樣的信貸環境變化對其總槓桿率影響較小。特別是在信貸緊縮時，其債務結構將發生調整以滿足自身和對其有依賴的約束較強企業的資金需求。基於這一分析，我們形成以下假設：

假設 4.2，財務約束較弱的企業，其債務結構對貨幣政策緊縮更加敏感。

4.3 線性模型設定和資本來源的經驗考察

4.3.1 事件考察

新中國成立後的金融政策由金融抑制轉向金融深化是個漸進的過程[①]。20世紀90年代中期，隨著中國人民銀行作為中央銀行的職能得到確立，貨幣政策的目標才得到明確地表述。同期金融深化加速，M_2占國內生產總值的比率由1990年的82%提高到2001年的165%[②]。

以下將對中國金融深化中的貨幣政策實施情況、銀行可供借貸資金（儲蓄額）的變化和信貸量進行描述性統計，以甄別貨幣政策存在顯著差異的時期。考慮到1999—2009年為市場化

[①] 「金融深化」是由美國經濟學家愛德華·肖和羅納德·麥金農提出的經濟學概念，其含義是用金融資產占國內生產總值的比重來表示貨幣經濟發展的程度。

[②] 蔡昉，林毅夫. 中國經濟 [M]. 北京：中國財政經濟出版社, 2003.

的第一個商業週期①，且貨幣政策調控手段已完全放棄了「信貸計劃管理」和「信貸規模限額管理」，我們的觀測初步鎖定於這一期間。我們所關注的1999—2009年，中國的貨幣政策執行已經從利用「綜合信貸計劃」「貸款規模限額」「現金發行計劃」等直接調控手段轉向「票據再貼現」「公開市場操作」「再貸款」「調整儲備比率」等間接手段②。雖然不存在一定規模的票據市場、再貸款利率也由政府決定並頒布，但是存款準備金率已經成為銀行主要的政策工具③。關於這一期間的研究，已有分析表明：在1998—2002年，中央銀行的貨幣政策操作似乎更多是擴展貨幣供應量，而在2003年以來的投資高增長和潛在物價水平上升的壓力下，貨幣當局似乎更依賴於控制金融體系的信貸供給量（李揚等，2009）。而且，李斌的實證研究表明，貨幣政策的最終目標與信貸總量的相關性更大一些（李斌，2001）。

---

① 1981—1990年的經濟週期與1990—1999年的經濟週期有著共同的特徵，即經濟經歷較短時間達到峰頂而衰退至谷底卻經歷時間較長，兩個週期經歷時間分別為3年和6年、2年和7年。但是，1999—2009年的經濟週期具有不同於前兩次的特徵，經濟上升期持續8年之久而衰退期僅為2年。週期的波長發生了根本變化，這是計劃體制向市場體制轉化的必然結果。（劉樹成等，2009）

② 在中國商業聯合會第四屆會員代表大會上，中國社會科學院學部委員餘永定認為，2009年經濟增長主要靠的不是財政支出，關鍵因素是我們採取了貨幣政策。由於2009年我們極力增長貸款，許多商業受到了行政壓力，商業銀行的商業化改革的成果實際上是出現了某種報廢，總的來講2009年爆炸性的貨幣政策促進了增長，但在改革中國經濟結構方面起到了一個負面作用。關於貨幣政策，中國主要涉及三個：一就是準備金調整，二是通過買賣央票來影響基礎貨幣的大小，三是直接影響商業銀行的貸款。（詳見《經貿參考》2010年第13期）

③ 中國目前的貨幣政策工具主要包括公開市場業務、存款準備金政策、再貸款（再貼現）和利率政策。近年來伴隨外匯占款在中央銀行資產中的比重大幅上升，再貸款（再貼現）的比重已由2003年的17%下降到2008年的4%，而公開市場業務主要用於對沖外匯占款，因此，討論存款準備金政策和利率政策對信貸量的影響更加具有實踐意義。（劉麗巍、郝林：《貨幣經濟學新範式下中國貨幣政策對信貸的影響》，載《財經問題研究》2010年第4期）

顯然，現階段信貸總量對經濟運行仍然具有舉足輕重的作用。基於對 2008—2009 年國際金融危機的特別關注，以下就中國 2003—2009 年的貨幣政策與銀行貸款渠道進行分析。

表 4.1 和表 4.2 中的數據表明，央行在 2003—2007 年實施了緊的貨幣政策，準備金比率與基準利率的變化體現了中央銀行對數量工具和價格工具使用的一致性；而 2008 年 11 月、12 月和 2009 年的狀況與之前相反，央行實施了松的貨幣政策，也使用了一致性的工具①。就調控的結果而言，表 4.3 中的數據表明貨幣供給量（M_1）在 2004 年、2005 年增幅銳減，信貸增加額則在 2004 年、2005 年趨緊，而兩類指標在 2009 年顯著增大。此外，2007 年出現異常的調控結果，其原因在於大量的資本流入和貿易順差給央行帶來資產擴張的壓力，使得調控手段力不從心，但是這一結果並不影響對政策在 2008 年之前趨緊的判斷②。2003—2009 年各個季度的信貸額見圖 4.3，顯示了經由金融機構執行政策的狀況。與前後年度比較，2004 年和 2005 年的信貸較緊，而 2009 年度的信貸較松。葉康濤和祝繼高（2009）通過「全國銀行家問卷調查報告」進行貨幣政策松緊界定③，認為 2004 年和 2007 年的貨幣政策更緊，而 2005 年和 2006 年則

---

① 對於大型金融機構，準備金率 2008 年 12 月是最低點，從 2010 年 1 月 18 日開始一點一點上升。（詳見《經貿參考》2010 年第 13 期）

② 2007 年年初，10 次提高法定存款準備金率，年內 6 次提高存貸款利率，全年央行票據發行達歷史新高。雖然 2007 年中國實施了緊的貨幣政策，然而結果是松弛的，這進一步促成政府對 2008 年貨幣政策的要求，即「從緊」。其中的原因如李揚所述，兩個方面的問題導致緊的操作引致松的結果：一是對貨幣的調控能力遞減，二是利率手段的變動有限。（李揚，2008）

③ 「全國銀行家問卷調查報告」是由中國人民銀行和國家統計局共同完成的全國銀行家問卷調查結論。在界定季度銀行家貨幣政策感受指數時，本部分以選擇貨幣政策「偏緊」的銀行家占比為準。由於無法取得或推斷 2004 年之前、2009 年第二季度和 2009 年第三季度的數據，我們在後文分析中以數據缺失處理。

表 4.1 中國的法定準備金比率

單位：%

年度	2003.09.21	2004.04.25	2006.07.05	2006.08.15	2006.11.15	2007.01.15	2007.02.25	2007.04.16	2007.05.15	2007.06.05	2007.08.15	2007.09.25	2007.10.25	2007.11.26	2007.12.25	2008.01.25	2008.03.25	2008.04.25	2008.06	2008.09.25	2008.10.15	2008.12.05	2008.12.25
數值	7	7.5	8	8.5	9	9.5	10	10.5	11	11.5	12	12.5	13	13.5	14.5	15	15.5	16	17.5	下調	下調	下調	14.5

註：對於表 4.1 中的數據，值得關注的是 2004 年與 2008 年。針對投資需求過旺、貨幣信貸增長偏快、通貨膨脹壓力加大等問題，經國務院批准，中國人民銀行在 2003 年 9 月提高存款準備金率 1 個百分點之後，於 2004 年 4 月 25 日再次提高金融機構存款準備金率 0.5 個百分點，以控制貨幣信貸總量過快增長，保持國民經濟持續快速健康發展。2008 年上半年，針對「雙順差」繼續擴大、外匯大量流入的態勢，為對沖多餘的流動性，中國人民銀行先後五次上調金融機構人民幣存款準備金率共 3 個百分點。與此同時，對農村信用社和災區金融機構執行較低的存款準備金率。2008 年下半年以後，隨著國際金融動盪加劇，為保證銀行體系流動性充分供應，中國人民銀行分別於 2008 年 9 月 25 日、10 月 15 日、12 月 5 日和 12 月 25 日四次下調金融機構人民幣存款準備金率。其中，大型存款類金融機構累計下調 2 個百分點，中小型存款類金融機構執行特別優惠災區金融機構存款準備金率。截至 2008 年年末，動能測算共釋放流動性約 8,000 億元。繼續對農村金融機構進行了調整，凡是資本充足率等相關指標達到要求的金融機構均恢復執行正常的存款準備金率，執行差別存款準備金率的金融機構家數明顯減少。（數據來源：中國人民銀行網站，《中國貨幣政策執行報告》2008 年第四季度）

表 4.2 2002年以來中央銀行基準利率的調整

調整時間	法定準備金	超額準備金	對金融機構貸款利率（%）				再貼現
			1年	6個月以內	3個月以內	20天以內	
2002/02/21	1.890,0	—	3.240,0	3.150,0	2.970,0	2.700,0	2.970,0
2003/12/21	—	1.620,0	—	—	—	—	—
2004/03/25	—	—	3.870,0	3.780,0	3.600,0	3.330,0	3.240,0
2005/03/17	—	0.990,0	—	—	—	—	—
2008/01/01	—	—	4.680,0	4.590,0	4.410,0	4.140,0	4.320,0
2008/11/27	1.620,0	0.720,0	3.600,0	3.510,0	3.330,0	3.060,0	2.970,0
2008/12/23	—	—	3.330,0	3.240,0	3.060,0	2.790,0	1.800,0

註：對於表4.2中的數據，值得關注的是2004年和2008年，在兩個年度內各類基準利率均發生了上調和下調，而其他年度基準利率變動比較穩定。單元格中「—」表示利率自上次調整後持續未變。（數據來源：中國人民銀行網站，《中國貨幣政策執行報告》）

4 信用渠道下的融資決策：信息不對稱 | 71

表 4.3　　　　中國貨幣政策調控的仲介指標變化

調控指標	2003 年	2004 年	2005 年	2006 年	2007 年	2008 年	2009 年
M_2 同比增長率（%）	19.600,0	14.600,0	17.570,0	16.940,0	16.720,0	17.820,0	27.680,0
M_1 同比增長率（%）	18.700,0	13.600,0	11.780,0	17.480,0	21.010,0	9.060,0	32.350,0
各項貸款合計同比增長率	21.100,0	11.500,0	9.770,0	15.710,0	16.160,0	15.940,0	31.740,0

註：狹義貨幣 M_1 是貨幣供應量中最活躍的部分，它代表的是即期需求，本部分中短期經濟運行主要考察 M_1。（數據來源：Wind 資訊）

較為寬鬆。這與本章的區間界定並不完全相符。包括 2008 年和 2009 年的不完全數據，我們將基於銀行家感受的政策緊縮指數描述為圖 4.4。圖 4.4 中的趨勢表明，2004 年相對於前後年度貨幣政策趨緊，而 2009 年相對於 2008 年貨幣政策趨於寬鬆。

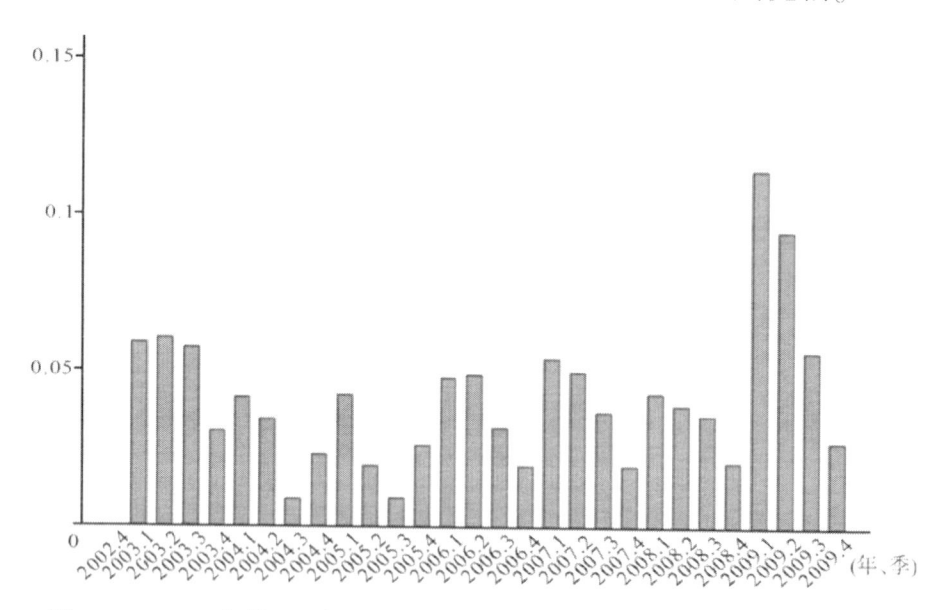

圖 4.3　2003 年第一季度至 2009 年第四季度金融機構貸款增長速度

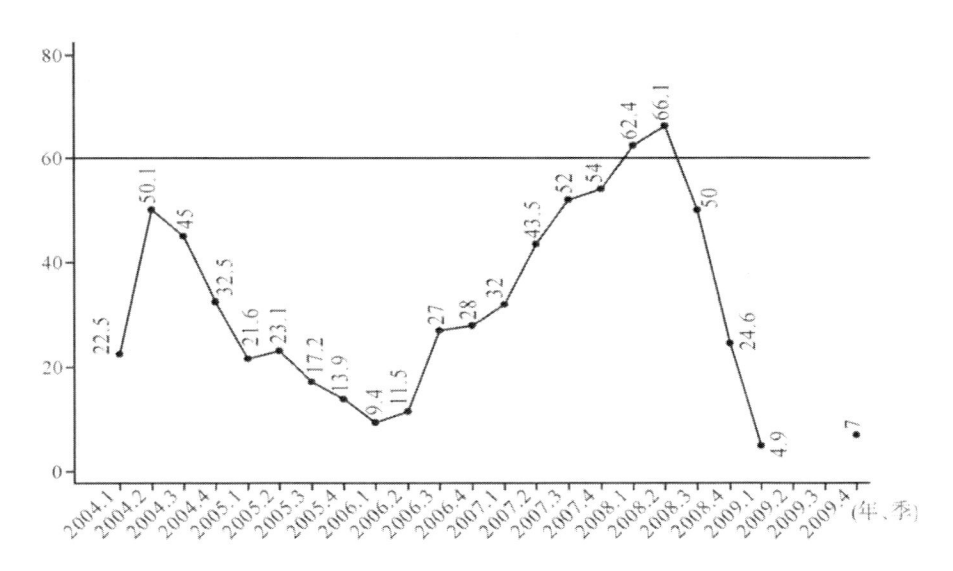

图 4.4 2004 年第一季度至 2009 年第四季度银行家货币政策感受

基于上述分析，我们将以 2004—2005 年度和 2009 年度为观测窗口，对货币政策「紧」和「松」之下的企业融资决策进行考察。当然，为了保证研究能够揭示信用渠道及信贷配给（或摩擦）的效应，以下条件应该满足：首先，企业财务结构调整期应该与信贷供应的变化具有清晰的一致性；其次，供给冲击应该更多地涉及银行信贷市场而非权益和债券市场；最后，在事件的事前与事后不应当存在除供给之外的其他因素对融资决策的变化产生影响。各个方面的具体考察如下文。

实务界评论：

新浪财经 2004 年 9 月 13 日。在中国企业高峰会上来自摩根士丹利企业的最后一位发言者——谢国忠，认为「我也不知道我们能不能这样说，中国的信贷政策是不是现在紧缩了，但是我想说中国的信贷政策，它紧缩的只是刚刚开始，目前宏观的这种紧缩政策取得的进展只是有限的。」

新华网 2009 年 4 月 11 日。中国人民银行发布了 2009 年 3 月份货币金融运行情况。数字显示，2009 年 3 月份人民币贷款

延續高增態勢，人民幣各項貸款增加 1.89 萬億元。至此，2009 年第一季度人民幣新增貸款已達 4.58 萬億元，幾近完成了政府工作報告中全年 5 萬億元信貸增量的目標。

理論界評論：

中國經濟時報 2004 年 10 月 26 日。巴曙松認為，「與 2004 年新增貸款 2.6 萬億元的目標相比，前三季度的信貸控制有過緊之嫌，特別是考慮到當前商業銀行的貸款行為模式傾向於年初多貸、年末少貸，第四季度的信貸收縮可能會更為強烈。因此，有必要在第四季度適度放鬆信貸的控制，在可以接受的範圍內增大信貸的投放，避免 2005 年的經濟增長因為 2004 年下半年過於嚴厲的信貸緊縮出現明顯的下滑。」

上海證券報 2005 年 1 月 27 日。今年的貨幣政策和信貸趨勢是市場極其關注的問題，記者就此採訪了國務院發展研究中心金融研究所所長夏斌。他表示，2005 年央行所提出的穩健的貨幣政策，其基本取向是穩中偏緊。但他同時認為，「今年令人擔憂的不是貨幣供應，而是信貸緊縮。」至於央行又要提高存款準備金率，夏斌認為，「市場上總體流動性偏多確實是個事實，但偏多的流動性能否轉化為貸款，目前很大程度上取決於金融監管的力度。」2005 年可能又會出現 20 世紀 90 年代末的貨幣鬆、信貸緊的現象。貨幣供應鬆，過多的貨幣只能流入貨幣市場。

新華網 2009 年 4 月 11 日。多位經濟學家指出，信貸高增與此前國家 4 萬億元投資密切相關，體現了金融對經濟的支持，在全球經濟普遍低迷的同時，有望為中國經濟率先回暖奠定基礎。和前幾個月相比，2009 年 3 月份票據融資占比有所下降。記者根據央行數據測算，2009 年 3 月份票據融資占比約為 22%，該數字雖然仍遠高於一般年份 5% 左右的比重，但相比 2009 年 1 月份和 2 月份的 38% 和 47%，已是明顯降低。專家指出，這一現象說明信貸對經濟的支持效率有所提高，減少了「體外循

環」，銀行資金正逐步進入到實體經濟。

上述實務界和理論界的評論顯示，在 2004 年中國的貨幣政策，特別是信貸政策發生了與 2003 年和 2005 年不同的調整；同樣在 2009 年中國的信貸政策與 2007 年度、2008 年前三季度相比有著明顯的變化。

經驗一：企業資本結構的調整與銀行信貸供應的變化具有同步性，且企業資金的獲得嚴格依賴銀行的信貸。以下通過緊縮前後企業的銀行借款現金流，以及緊縮前後儲蓄的變化來解釋相關的銀行信貸變動的存在。

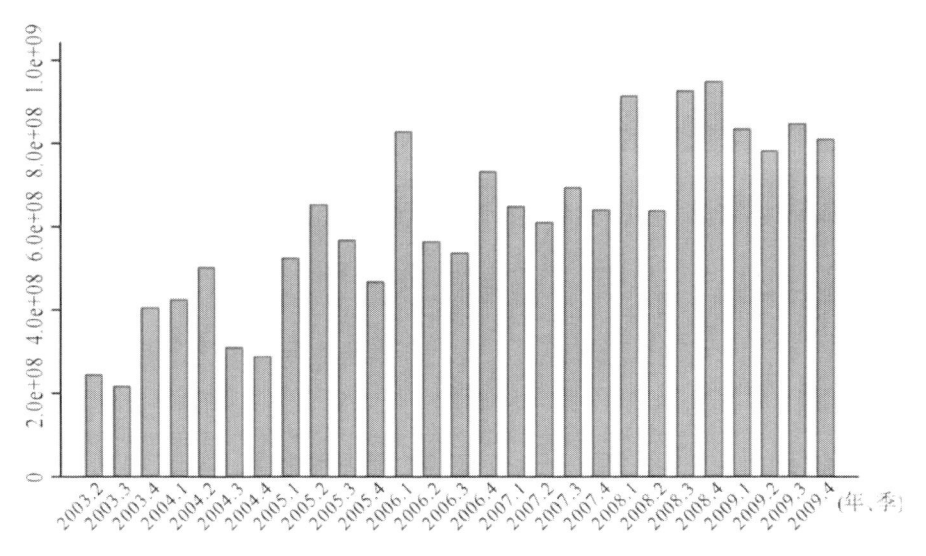

圖 4.5　事件前後企業銀行借款現金流趨勢

圖 4.5 中，非金融企業貸款現金流在 2004 年後兩個季度明顯減少，同時從 2008 下半年開始顯著增加。一定程度上說明了貨幣政策（或銀行信貸）對企業在特定年度資本結構調整的影響。

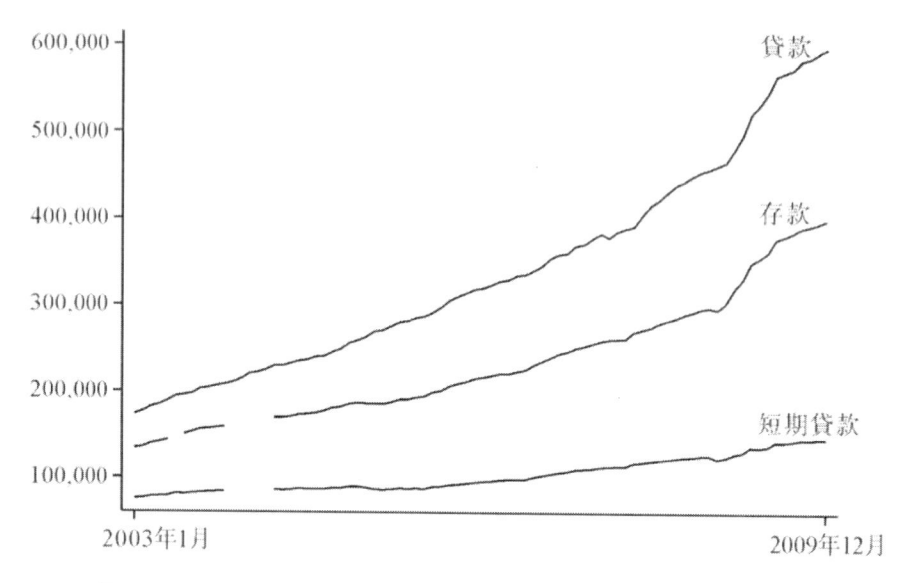

圖4.6　2003年1月—2009年12月銀行存款與貸款趨勢

圖4.6中，各項存款合計與各項貸款合計變化趨勢在事件期具有一致性，但是，短期貸款合計的變化趨勢在2009年度與存款合計並不一致。這一分離表明在2009年銀行貸款渠道可能並不順暢。根據理論分析部分的討論，信用觀下銀行貸款渠道的作用發揮涉及儲蓄與貸款的匹配問題，所以信貸與資本結構的關係可能並不顯著。貨幣供給量、權益市場則可能與資本結構變動有著一定的關係，然而這符合貨幣觀的分析。對於信貸擴張，中國研究者的相關定義為：信貸擴張程度＝銀行信貸／銀行存款，認為通過存款調整後的信貸量可以客觀地反應銀行信貸相對於其負債的擴張程度。該數值越大，表示銀行信貸的擴張程度越大（馬勇、楊棟、陳雨露，2009）。就後一種觀點而言，儲蓄流與貸款流在2009年度的分離同樣預示銀行貸款渠道受阻。

經驗二：信貸供給前後不存在來自需求的影響。供給的變化是否由經濟形勢或企業特徵決定的需求所引起，通過比較事件前後企業的成長性，對比利率在事件前後的差異，以及在經

驗分析模型中控制宏觀與微觀的影響因素均可減緩或說明貸款需求的問題。

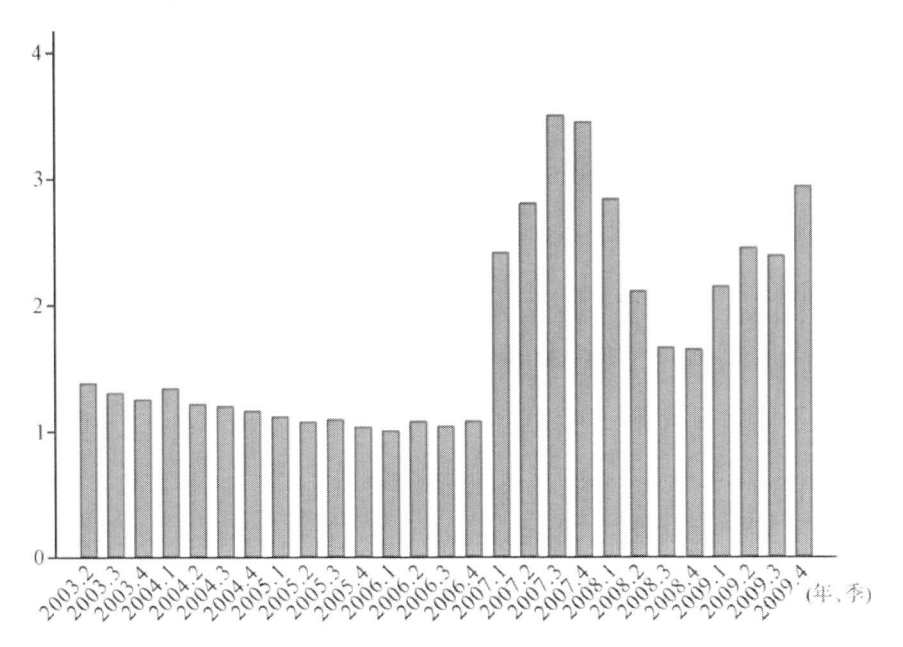

圖 4.7 事件前後企業成長性比較

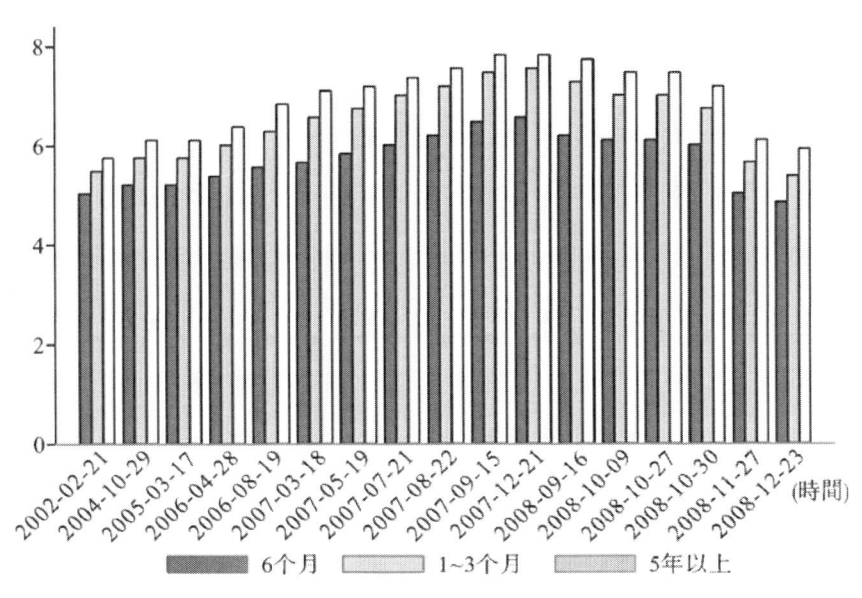

圖 4.8 事件前後人民幣貸款基準利率趨勢

圖 4.7 中，非金融企業的成長性（樣本 Tobin's Q 的均值）在 2004 年度前後並未發生顯著變化，這可以一定程度上排除基於需求的信貸影響。但是，2009 年度與 2007 年、2008 年度之間的成長性差異表明企業信貸增加可能源於其需求，經驗分析部分將對其進行控制。圖 4.8 中，2004—2005 年度的利率並未出現顯著的波動，這增加了企業在緊縮時期資本結構變動與銀行信貸相關的證據，而不是貨幣觀下的利率渠道在起作用；然而，2008 年度之後的利率存在下降的趨勢（在 2008 年 9 月份以來五次下調存貸款基準利率的基礎上，2009 年利率政策保持穩定。其中，一年期存款基準利率維持在 2.25%，一年期貸款基準利率維持在 5.31%）。這表明資金總體需求出現了變化，經驗分析部分將對其進行控制。

4.3.2　變量選擇與模型設定

對於假設 4.1、假設 4.2 的檢驗，涉及時期比較和組間比較，我們參照基本的差異—差異模型（Meyer，1995）進行模型設定：

$$Leverage_{it} = \alpha + \alpha_1 d_t + \alpha_2 d_j + \alpha_3 d_t d_j + X'_{it}\beta + Y'_t\lambda + \varepsilon_{it}$$

(4.1)

在模型（4.1）中，d_t 為事件期間啞變量，在貨幣政策緊縮（寬鬆）時取 1，而在非緊縮（寬鬆）時取 0。d_j 為考察財務約束的代理變量。X_{it} 分別指代一系列企業特徵方面的控制變量。Y_t 指代一系列宏觀經濟方面的控制變量。在此設定中，不同政策期間的固定差異、不同約束程度的樣本之間的差異分別由 α_1 和 α_2 來刻畫。作為我們關注的重點，α_3 用來測度受約束企業在貨幣政策衝擊下槓桿的變化程度。

為了對基於需求的同向影響進行控制，圍繞變量 X_{it} 的設定，我們通過細化被解釋變量、控制信貸需求因素、消除聚類

效應來解決這一問題。具體措施包括：對被解釋變量進行細化，分別採用財務槓桿（Lev）、市值槓桿（Mlev）、銀行債比率（Sloan, Lloan）等進行經驗分析；基於 Titman 等的分析（Titman & Wessels, 1998），企業的成長性（Tobin's Q）、盈利能力（Profitability）、可抵押價值（Tangibility）等均對企業的資本結構形成產生影響，於是計劃將相關變量納入模型進行控制；企業固定效應可被用來解釋資本結構的期望值，我們計劃將其納入模型進行控制。此外，我們將採用滯後一期的貨幣政策代理變量進行穩健迴歸。

圍繞變量 Y_t 的設定，我們關注資本結構決定中的時間效應。考慮到其他貨幣政策工具的影響，我們對貨幣供應量（M_1）、利率水平（Nrr）等進行控制①。同時，經濟增長狀況會對超額準備金率、現金比率產生影響，使得單一工具的實施效果減弱；金融的發達程度會引起其他金融工具對貨幣的替代，使得針對貨幣供應總量的目標難以明確實現。此外，Cover 在其實證研究中發現股票、債券對貨幣存在替代作用（Cover, 1992）。因此，我們擬採用經濟的增長（GDP）、企業所在地區的金融市場發達程度（Marketization）、股市表現（STOCKM）等變量對研究進行控制。由於研究的主要目的是考察信貸的效果，我們同樣僅對財政政策的影響進行控制，採用的方法是在推斷分析時加入行業控制變量②。本章所涉及主要變量的具體定義見表4.4。

---

① 基於貨幣觀，利率、匯率、股票價格、財富效應以及房產土地價格渠道會導致企業融資及投資的調整。因此，在圍繞信用觀及資產負債表狀況的考察中應對其他的宏觀因素進行控制。

② 參照何東、張智威和張文朗的文章《中國財政刺激方案》，根據公開文件，篩選財政刺激計劃所側重的行業，如國家發展和改革委員會主任張平在2008年11月27日記者招待會上的發言，相關行業包括交通和城鄉電網、災後重建、農村基礎設施、環境工程、保障性安居工程、自主創新、醫療與教育，其中建築業、交通運輸、電力是重點。（《比較》，2009年4月第1版）

表 4.4　　　　　　　　　主要變量設計

變量名稱	變量定義
被解釋變量	
財務槓桿（Lev）	負債總額/資產平均總額
市值槓桿（Mlev）	債務帳面總值/（債務帳面總值+所有者權益市場價值）
貿易應付款比率（TC）	（應付帳款+應付票據+預收帳款）/總資產
短期借款比例（Sloan）	短期借款/總資產
長期借款比例（Lloan）	長期借款/總資產
資本公積比率（PC）	資本公積/總資產
解釋變量	
政策緊縮時期（Crunch）	如果為2004年、2005年的樣本觀測，取1；如果為2003年、2006年的樣本觀測，取0
銀行家緊縮指數（Bankerindex）	基於銀行家判斷的信貸緊縮程度指標，採用中國人民銀行公布的「銀行家季度緊縮指數」
政策寬鬆時期（Loose）	如果為2009年的樣本觀測，取1；如果為2007和2008年的樣本觀測，取0
信貸規模（Totalloan）	各季度銀行人民幣信貸量，採用當期GDP進行調整
融資受約束程度（Access）	採用企業規模和企業持續期進行衡量
企業規模（Size）	企業總資產的自然對數值
企業持續期（Age）	企業上市首發日至2009年12月31日的時期數
控制變量	
貨幣供應量（M_1）	各個季度相對於上一個季度的增長率
利率水平（Nrr）	期末仍在實施的無風險利率
經濟的增長（GDP）	真實GDP的增長率
金融市場發達程度（Marketization）	企業所在省的金融業市場化指數

表4.4(續)

變量名稱	變量定義
股市表現（STOCKM）	所在交易所綜合指數的增長率，採用上證綜合指數和深圳綜合指數計算
非金融企業利潤增長（CPG）	（當期非金融企業利潤合計/上期合計）－1
企業所屬行業的資本結構中值（Indm）	各期企業所屬行業的所有樣本企業資本結構的中位數
股市回報（Return）	各期股東權益市場報酬率
成長性（Tobin's Q）	（流通股份數×流通股價格+非流通股份數×每股淨資產+總負債）/總資產
市淨率（PB）	所有者權益市場價值與所有者權益帳面價值的比率
盈利能力（Profitability）	營業利潤與銷售收入的比率
利潤波動性（Volatility）	$t-4$ 至 t 期資產收益率（淨利潤/平均總資產）的標準方差
非債務稅盾（NDTS）	除利息支出之外的其他可在稅前扣除的費用，為累計折舊加上待攤費用、遞延資產及開辦費後除以資產帳面價值。
可抵押價值（Tangibility）	固定資產帳面淨值與資產帳面價值的比率

註：本部分並未考慮企業治理方面的變量。經驗證據表明，企業治理因素通過影響企業業績和市場價值對企業資本結構產生間接影響（王正位、趙冬青、朱武祥，2007），本部分所選取的影響因素已經考慮了市場價值和企業業績，如股市回報和盈利能力。威廉姆森等闡述了債務選擇企業的資產特徵及緣由，哈特等的分析表明了債務的治理作用，同上原因本部分在經驗考察中並未專門分析。部分宏觀控制變量的定義，經濟的增長和股市表現參照蘇冬蔚等（2009），金融市場發達程度、非金融企業利潤增長、企業所屬行業的資本結構中值、股市回報參考 Leary（2009）。有關企業特徵的控制變量的定義，成長性參照葉康濤等（2007），盈利能力、利潤波動性、非債務稅盾、可抵押價值參照王正位、蘇冬蔚等（2007、2009）。

4.3.3 實證結果

(1) 描述性統計

本章將對深圳和上海證券交易所 A 股上市企業 2003—2009 年度的季度數據進行分析。在數據整理中，為了避免融資波動，剔除債務重組的企業；因為管制不同，剔除金融企業；同時刪除市淨率、市值槓桿、股市回報缺失的觀測。此外，在數據整理中，我們採用 winsorization 的方法對離群值進行處理，對所有小於1%分位數（大於99%分位數）的變量，令其值分別等於1%分位數（99%分位數）。由於個別企業部分季度數據缺失，我們採用非均衡的季度面板數據進行統計分析。基於上文變量設計，與股市表現、市場回報相關的數據來自 SISMAR 數據庫，企業財務數據和個股價格數據來自 WIND 數據庫，宏觀金融數據來自中國人民銀行網站，金融業的市場化數據來自樊綱等編著的《中國市場化指數：各地區市場化相對進程 2009 年度報告》，其他宏觀信息來自對應年度的中國統計年鑒，相關評論則來源於特定財經網站。

上文信用渠道相關文獻中的證據和理論部分的分析顯示，對融資市場（信貸市場）介入程度不同的企業具有不同的債務增減方式。此外，企業財務領域的大量文獻考察了籌集外部資本過程中的摩擦如何形成企業的財務約束。研究者們往往假定，這些約束會對企業的各類決策產生基本的影響，包括企業的主要投資決策和融資決策（Hennessy & Whited，2007）。就約束程度的計量而言，存在三種代表性的探究，即投資現金流敏感性

（Fazzari et al.，1988），KZ 約束指數（Lamont et al.，2001）[1]，WW 約束指數（Whited & Wu，2006）[2]。由於經驗或理論假設的有效性問題，變量選取的內生性問題，對於這些計量方法理論界存在較大的爭論。

　　與上述研究不同，Hadlock 和 Pierce 採用定性信息對樣本的財務約束程度進行分類，研究發現在 KZ 約束指數和 WW 約束指數的計算中存在機械相關、變量遺漏等問題，而企業規模和持續期可以作為預測財務約束水平的有效變量（Hadlock & Pierce，2010）。同時，兩個主要的經驗研究發現，投資現金流敏感性並非財務約束計量的有效工具，其取值並不隨財務約束水平的上升而增大（Kaplan & Zingales，1997；Hadlock & Pierce，2010）。在國內，俞建拖等在系統回顧中小企業融資的理論和實證研究文獻後，通過對甄別財務約束的工具進行剖析，揭示了投資現金流模型在系數與約束之間單調遞增的缺陷、融資計劃模型未考慮技術進步與融資能力變化的缺陷、非均衡模型無法進行企業間比較的缺陷（俞建拖、劉民權、趙英濤，2006）。

　　因有助於在信貸配給和資產負債表渠道下，解除信息不對稱，提供抵押或擔保價值，企業的規模與持續期確實具有預測財務約束水平的作用。對於持續期與資本結構關係的解釋，生

---

　[1]　基於 Kaplan & Zingales 的樣本，Lamont et al 構造了初始的 KZ 約束指數，該指數由模型的估計系數計算而得。其中，槓桿和 Tobin's Q 與財務約束正相關，而現金流、現金水平和分紅與財務約束負相關。

　[2]　Whited & Wu 基於結構模型構造了 WW 約束指數，界定了六個不同的解釋財務約束的變量。其中，現金流和槓桿與 KZ 指數中的界定一致，然而在 WW 的報告中，WW 約束指數與 KZ 約束指數之間的相關性接近於 0，其認為 KZ 指數無效。不幸的是，正如 Hadlock & Pierce 的分析，WW 約束指數部分有效的根本原因是它將規模納入瞭解釋變量，然而，現金流和槓桿所具有的內生性使得其他研究者對 WW 約束指數的有效性產生質疑。

命週期裡的經驗變化、企業聲譽的提升以及信息透明度的增加均涉及債務或權益融資能力的變動。對於規模與資本結構關係的解釋，小規模企業可能存在的所有者（經理）與潛在的外部資金供給者之間較高的信息不對稱問題便可能影響企業融資能力的變動（Berger et al, 1998）；同時，基於生命週期理論和代理理論，經驗研究顯示，隨著企業規模的增加，其長期債務融資的比重將會增加，而短期債務融資的比重則會逐漸降低（餘建拖等，2006）。

如果將財務約束從供給與需求兩個方面去考察，就信貸供給方面而言，持續期和規模所揭示的個體信息環境、違約成本更能引致供給約束的變動；就管理者預期等需求方面而言，所有權結構、投資動機等所揭示的融資激進程度更能引致需求的約束變動。鑒於我們關注貨幣政策影響下特定時期的資本結構變動，下文將根據規模和持續期對企業的財務約束情況分別進行考察。

我們將樣本劃分為財務約束和非約束兩類，如果企業沒有足夠的現金流去實現投資機會且介入融資市場時存在很大的代理成本，那麼該企業理論上界定為財務受約束企業。基於上文分析，將資產規模與持續期作為劃分兩類樣本（對銀行依賴與否）的基本標準：一是企業的規模大於樣本企業的均值則約束程度較小，小於均值則約束較大；二是企業持續期大於樣本企業的均值則約束程度較小，小於均值則約束較小[①]。

[①] 國內外已有研究中將利潤分配作為是否受到財務約束的信號，但是經驗證據表明在國內該工具的甄別能力較差，因此本部分並未依據分紅與否進行分析。

表 4.5　　資本結構均值年度分類比較：基於規模　　單位：%

年份	2003	2004	2005	2006	2007	2008	2009
\multicolumn{8}{c}{Panel A：小企業}
資產負債率	45.976,6	47.650,6	49.170,0	49.550,7	47.406,1	45.896,3	45.071,8
帶息債務/全部投入資本	40.706,7	42.091,6	42.985,9	41.534,5	34.568,0	32.759,7	32.267,0
流動負債/負債合計	85.177,1	85.970,2	85.863,2	86.231,4	86.087,1	87.145,2	85.679,7
非流動負債/負債合計	14.743,2	13.996,5	14.065,3	13.710,3	13.912,9	12.854,8	14.320,4
\multicolumn{8}{c}{Panel B：大企業}
資產負債率	51.223,7	53.458,3	54.974,4	57.047,8	56.416,9	56.340,9	57.354,6
帶息債務/全部投入資本	44.533,6	47.023,1	48.480,8	49.376,6	45.809,0	45.849,9	46.821,4
流動負債/負債合計	78.570,0	77.974,0	79.108,1	79.071,3	78.447,0	77.608,2	75.127,8
非流動負債/負債合計	21.377,4	21.980,6	20.822,4	20.883,3	21.553,3	22.373,3	24.872,2

註：本表主要關注財務槓桿和帶息債務的分佈狀況。在分組時，首先對2003—2009年各年末的資產對數取均值，再將大於和小於均值的樣本歸類為大企業和小企業，最後計算各類企業各資本結構指標的均值①。參照蘇冬蔚等（2009），帶息債務＝短期借款＋長期借款＋一年內到期的流動負債＋應付債券流動。負債與非流動負債的劃分依據相應年度準則規定的負債列示方法進行。

基於2003—2009年度的數據分析，表4.5中的數據體現出三個基本特徵：①同一年度規模較大企業的負債率明顯較大；②大企業的帶息債務與全部投入資本比明顯大於小企業；③大企業的流動負債占比明顯小於小企業。以上特徵表明，大企業在債務融資方面比小企業具有優勢，而且其比較優勢在於非流動性的帶息債務。進一步分析表明，在緊縮時期（2004）小企

---

① 依據2003年國家經濟貿易委員會、國家發展計劃委員會、財政部、國家統計局《關於印發中小企業標準暫行規定的通知》，中小企業是指既定行業中職工人數、銷售額、資產總額等指標值小於一定數量的企業。如工業類，中小型企業須符合以下條件：職工人數2,000人以下，或銷售額30,000萬元以下，或資產總額為40,000萬元以下。在學術研究中，界定中小企業的標準與此一致，企業的資產總額、企業雇員人數、企業的銷售額等均在不同的分析中以不同的程度被採用（俞建拖、劉民權、趙英濤，2006）。

業的非流動負債比例明顯小於前後年度，流動負債則較前後年度變大；在寬鬆時期（2009）非流動負債比例增加明顯，流動負債比例減小。這一狀況說明，小企業在緊縮時期只能依賴於具有優勢的流動負債，而在寬鬆時期發生調整非流動負債增加。對於大企業，在緊縮時期（2004）非流動負債比例明顯大於前後年度，流動負債則較小；在寬鬆時期（2009）非流動負債比例仍然增加明顯，而流動負債比例減小。這一狀況說明，大企業在緊縮時期依賴具有優勢的非流動負債，在寬鬆時期優勢更明顯[1]。結合表中的資產負債率，我們認為緊縮時期各類企業基於自己的融資優勢進行資本結構調整，以應對供給短缺，小企業通過擅長的流動負債進行融資，大企業通過非流動負債進行；而在寬鬆時期均表現出對非流動債的偏好，而且在寬鬆時期大企業具有明顯的擴大負債的能力。對於「假設4.1，在信貸寬鬆（或緊縮）時，財務約束較強的企業，其槓桿率和銀行貸款比例會增加（或減小）」。「假設4.2，財務約束較弱的企業，其債務結構對銀行貸款緊縮更加敏感。」小企業2004年度非流動負債的減少和2009年度非流動負債的增加，大企業2004年度流動負債的減少和非流動負債的增加均給予了一定的支持。

按照持續期分組進行年度資本結構比較，表4.6中的數據顯示在擴張時期持續期大與小的企業狀況與表4.5中的規模大與小的企業一致。在緊縮時期年長的企業則與表4.5中的分析一致，而年輕企業非流動負債比例上升。這些數據表明貨幣政策影響的存在和企業基於自身優勢進行債務調整的事實。

---

[1] 基於世界銀行對中國中小企業融資狀況的調查數據，Ayyagari等提供了最新的經驗證據，表明在中國依賴於非正式債務融資渠道的企業，成長性及利潤的再投資狀況較差，而依賴於正式銀行信貸的企業往往具有較快的成長和較高的利潤在投資（Ayyagari & DemirgÜç-Kunt & Maksimovic, 2010）。這一證據表明，金融體系外流動的信貸資金服務得不到資金支持的低端市場。

表 4.6　　資本結構均值年度分類比較：基於持續期　　　單位:%

年份	2003	2004	2005	2006	2007	2008	2009
Panel A：年輕企業							
資產負債率	45.437,7	48.730,4	50.130,6	50.695,2	49.453,9	48.217,2	48.180,3
帶息債務/全部投入資本	38.554,1	41.958,1	43.021,6	42.125,0	37.989,6	36.716,1	36.842,0
流動負債/負債合計	83.097,7	82.702,1	83.113,8	83.867,0	83.641,7	84.354,7	82.188,9
非流動負債/負債合計	14.743,2	17.259,7	16.854,5	16.114,4	16.358,3	15.629,7	17.811,1
Panel B：年長企業							
資產負債率	51.305,4	52.096,7	53.791,7	55.591,8	54.438,5	53.671,2	53.927,1
帶息債務/全部投入資本	46.339,0	46.939,4	48.315,2	48.529,5	42.259,2	41.249,8	41.603,9
流動負債/負債合計	81.203,4	81.667,5	82.266,3	81.878,2	81.009,3	80.849,6	79.135,9
非流動負債/負債合計	21.377,4	18.292,6	17.620,7	18.031,7	18.991,0	19.150,5	20.864,1

註：在分組時，首先對企業持續期取均值，再將處於大於和小於均值的樣本歸類為大企業和小企業，最後計算各類企業各資本結構指標的均值。

基於 2003—2009 年度的季度數據，計算本章主要變量之間的相關係數，如表 4.7 所示。數據區單元格中的第一行為相關係數取值，第二行為顯著性 T 檢驗的 P 值。概覽數據，我們發現財務槓桿與貨幣政策變量、宏觀控制變量、微觀控制變量間均存在顯著的相關關係。其中，信貸規模（Totalloan）與財務槓桿（Lev）顯著正相關，與銀行家緊縮指數（Bankerindex）負相關，表明貸款渠道在銀行與企業間存在的事實。表 4.7 中，PB 與 Tobin's Q 間的相關係數顯著達到 0.634,7，原因在於兩者同屬成長性指標，在計算中包括了相同的要素，屬於機械相關。鑒於「貨幣政策」部分討論的內生性問題，加之市值槓桿（Mlev）計算中包括與 Tobin's Q 相同的要素，在後文的經驗分析中我們將採用市淨率（PB）對成長性進行控制。同樣，由於利率水平（Nrr）與銀行家緊縮指數（Bankerindex）之間，盈利能力（Profitability）與利潤波動性（Volatility）之間存在部分機械相關，他們兩者間的相關性便較高。表 4.7 中其餘變量間的相關程

表 4.7　主要變量相關係數表

	Lev	Totalloan	Bankerindex	GDP	Nrr	STOCKM	Marketization	Tobin's Q	Age	Size	Indm	PB	Profitability	Volatility	NDTS	Tang
Lev	1.000,0															
Totalloan	0.022,5 (0.002,1)	1.000,0														
Bankerindex	−0.035,3 (0.000,0)	0.170,1 (0.000,0)	1.000,0													
GDP	0.037,0 (0.000,0)	−0.336,8 (0.000,0)	−0.209,1 (0.000,0)	1.000,0												
Nrr	0.019,4 (0.008,1)	0.282,3 (0.000,0)	0.736,2 (0.000,0)	0.152,9 (0.000,0)	1.000,0											
STOCKM	0.018,3 (0.012,5)	0.105,7 (0.000,0)	−0.537,2 (0.000,0)	0.481,6 (0.000,0)	−0.277,0 (0.000,0)	1.000,0										
Marketization	−0.014,7 (0.045,4)	0.039,9 (0.000,0)	0.007,1 (0.393,5)	0.000,2 (0.980,2)	0.027,2 (0.000,2)	0.016,6 (0.023,5)	1.000,0									
Tobin's Q	−0.214,6 (0.000,0)	0.367,9 (0.000,0)	0.212,3 (0.000,0)	0.114,0 (0.000,0)	0.324,7 (0.000,0)	0.105,0 (0.000,0)	0.018,4 (0.013,2)	1.000,0								
Age	0.203,4 (0.000,0)	−0.219,8 (0.000,0)	−0.082,2 (0.000,0)	0.022,9 (0.001,7)	−0.146,5 (0.000,0)	−0.039,4 (0.000,0)	−0.049,8 (0.000,0)	−0.199,4 (0.000,0)	1.000,0							
Size	0.327,5 (0.000,0)	0.120,3 (0.000,0)	0.021,0 (0.011,6)	−0.054,6 (0.000,0)	0.037,3 (0.000,0)	−0.015,0 (0.040,9)	0.108,4 (0.000,0)	−0.220,8 (0.000,0)	0.221,0 (0.000,0)	1.000,0						
Indm	0.022,0 (0.002,6)	−0.049,7 (0.000,0)	−0.022,2 (0.007,5)	0.006,7 (0.362,8)	−0.032,8 (0.000,0)	−0.005,9 (0.416,9)	0.012,7 (0.083,4)	−0.042,2 (0.000,0)	0.106,4 (0.000,0)	0.061,5 (0.000,0)	1.000,0					
PB	0.184,2 (0.000,0)	0.263,9 (0.000,0)	0.113,8 (0.000,0)	0.104,1 (0.000,0)	0.194,1 (0.000,0)	0.137,6 (0.000,0)	−0.003,4 (0.643,8)	0.634,7 (0.000,0)	−0.002,6 (0.726,9)	−0.178,8 (0.000,0)	−0.007,7 (0.304,3)	1.000,0				
Profitability	−0.216,7 (0.000,0)	0.006,2 (0.397,9)	−0.010,7 (0.195,9)	0.036,6 (0.000,0)	0.029,4 (0.000,1)	0.030,4 (0.000,0)	0.078,4 (0.000,0)	0.058,9 (0.000,0)	−0.120,1 (0.000,0)	0.106,6 (0.000,0)	−0.013,8 (0.060,5)	−0.078,5 (0.000,0)	1.000,0			
Volatility	0.084,6 (0.000,0)	0.120,2 (0.000,0)	0.014,8 (0.086,0)	−0.058,0 (0.000,0)	0.017,9 (0.018,3)	0.002,0 (0.789,3)	−0.066,3 (0.000,0)	0.165,9 (0.000,0)	0.068,4 (0.000,0)	−0.154,0 (0.000,0)	0.011,1 (0.143,6)	0.300,1 (0.000,0)	−0.338,7 (0.000,0)	1.000,0		
NDTS	−0.071,6 (0.000,0)	0.042,2 (0.000,0)	0.003,2 (0.699,6)	0.010,2 (0.161,8)	0.021,9 (0.002,8)	−0.008,8 (0.228,7)	−0.014,3 (0.050,8)	0.061,9 (0.000,0)	−0.151,4 (0.000,0)	−0.033,0 (0.000,0)	−0.029,3 (0.000,1)	0.011,1 (0.136,6)	0.034,0 (0.000,0)	0.002,6 (0.733,8)	1.000,0	
Tang	−0.009,2 (0.210,9)	−0.082,3 (0.000,0)	−0.064,7 (0.000,0)	0.049,0 (0.000,0)	−0.050,1 (0.000,0)	0.018,8 (0.010,2)	−0.130,1 (0.000,0)	−0.137,4 (0.000,0)	0.018,1 (0.013,4)	0.116,0 (0.000,0)	−0.016,0 (0.029,4)	−0.118,1 (0.000,0)	0.006,3 (0.391,4)	−0.029,6 (0.000,1)	0.001,8 (0.808,0)	1.000,0

度較低，說明後文迴歸分析中模型設定的多重共線性較小。此外，財務槓桿與企業持續期和企業規模間的顯著正相關關係表明表4.5和表4.6中證據的可靠性。

（2）主要檢驗

在上文描述性統計的基礎上，本部分將考察企業槓桿在信貸政策緊縮和寬鬆時期系統性的變化。以下分析中我們將2004—2005年度與2009年度設定為緊縮與寬鬆時期，按照企業規模和持續期界定融資受約束程度的大小，採用模型（4.1）對假設4.1和假設4.2進行初步的驗證。

本部分的變量包括三類：①被解釋變量有市值槓桿、財務槓桿；②解釋變量有指代緊縮與寬鬆的時期二值變量、考察財務約束的規模和持續期；③控制變量包括貨幣供應量、利率水平、經濟的增長、股市表現、金融市場發達程度、非金融企業利潤增長、企業所屬行業的資本結構中值、成長性、盈利能力、利潤波動性、非債務稅盾、可抵押價值。此外，在市值槓桿迴歸中增加股市回報（Return）變量進行控制。為了控制「貨幣觀」解釋的可能性，我們對宏觀控制變量中的貨幣供應量（M_1）、利率水平（Nrr）進行特別考察，並在2007—2009年度的迴歸中添加貨幣供應量（M_1）與融資受約束程度（Access）的交叉項，探尋貨幣渠道的作用在不同約束下的差異。

早期的國外研究表明，在融資過程中，向企業資金供給者傳遞信息的財務指標具有明顯的行業特徵（Schwartz & Aronson，1967），從而處於不同行業的企業在貨幣政策實施過程中所面臨的財務約束就會不同，最終可能造成貨幣政策效果在行業間產生差異。中國研究者基於近期數據的經驗分析表明，中國的貨幣政策在行業間存在明顯的效應差異（楊小軍，2010）。此外，財政政策也會導致槓桿率的行業差異。本部分中我們採用行業啞變量對行業影響進行控制。其他控制變量的選取，依據表4.4

的說明。基於對誤差項的不同假定，我們分別進行混合 OLS 穩健迴歸、面板數據固定效應分析［序列相關假設為 AR（1）］、面板數據隨機效應分析。

表 4.8　2003—2006 年季度槓桿率的 OLS 穩健迴歸結果

	企業規模（Size）		企業持續期（Age）	
	市值槓桿	財務槓桿	市值槓桿	財務槓桿
Crunch	−5.120,5***	−7.770,4***	−0.252,8***	−0.267,2***
	(1.081,4)	(1.108,5)	(0.051,26)	(0.035,2)
Access	0.106,4***	0.079,0***	0.004,5***	0.005,7***
	(0.003,3)	(0.003,1)	(0.001,3)	(0.001,0)
Crunch·Access	0.489,2***	0.732,5***	0.044,0***	0.052,1***
	(0.1,007)	(0.103,2)	(0.008,0)	(0.005,89)
Crunch·Access^2	−0.011,7***	−0.017,2***	−0.001,9***	−0.002,2**
	(0.002,3)	(0.002,4)	(0.000,3)	(0.000,2)
GDP	0.063,2***	0.027,2*	0.069,9***	0.031,6*
	(0.015,0)	(0.013,6)	(0.017,0)	(0.014,6)
M_1	−1.459,1***	−0.683,5***	−1.489,3***	−0.709,0***
	(0.179,1)	(0.163,8)	(0.203,6)	(0.175,4)
Nrr	0.226,5***	0.098,1***	0.246,4***	0.115,8***
	(0.011,3)	(0.010,1)	(0.012,7)	(0.010,9)
STOCKM	0.013,5	0.012,6	0.034,0*	0.027,7*
	(0.013,9)	(0.012,1)	(0.015,9)	(0.013,2)
Marketization	0.002,1*	−0.002,2*	0.007,6***	0.002,4*
	(0.001,1)	(0.001,0)	(0.001,3)	(0.001,1)
CPG	−0.000,3	0.000,1	−0.000,7	−0.000,3
	(0.001,8)	(0.001,6)	(0.002,1)	(0.001,6)
Indm	−0.035,6	−0.008,2	0.029,3	0.047,9*
	(0.027,6)	(0.024,5)	(0.029,8)	(0.025,3)
Return	−0.012,8*		−0.007,8	
	(0.007,2)		(0.008,0)	

表4.8(續)

	企業規模（Size）		企業持續期（Age）	
	市值槓桿	財務槓桿	市值槓桿	財務槓桿
PB	0.003,6** (0.001,1)	0.024,5*** (0.000,8)	−0.006,0*** (0.001,3)	0.017,2*** (0.000,8)
Profitability	−0.001,2*** (0.000,1)	−0.001,1*** (0.000,0)	−0.001,2*** (0.000,1)	−0.001,1*** (0.000,1)
Volatility	0.002,4** (0.000,9)	0.002,8** (0.000,8)	−0.002,5* (0.001,0)	−0.001,1 (0.000,9)
NDTS	−0.067,5*** (0.014,62)	−0.065,9*** (0.013,1)	−0.068,7*** (0.017,0)	−0.066,8*** (0.014,4)
Tang	0.006,6 (0.011,9)	−0.028,2* (0.010,9)	0.036,9** (0.013,5)	−0.003,5 (0.011,7)
Constant	−2.303,8*** (0.078,1)	−1.453,4*** (0.070,9)	−0.127,1** (0.038,8)	0.115,9*** (0.033,0)
Industry	Control	Control	Control	Control
Number of observations	7,087	8,149	7,087	8,149
Adjusted R^2	0.342,4	0.288,7	0.158,2	0.178,0

註：表中系數上標「***」「**」「*」分別表示系數檢驗的P值小於0.000,1、0.001、0.01，下文的列示同此。針對貨幣渠道的衝擊，我們採用的代理變量為M_1，而非M_0或M_2。M_1反應居民和企業資金鬆緊變化，是經濟週期波動的先行指標，流動性僅次於M_0，經驗證據表明短期內M_1水平與宏觀經濟狀況的相關性更高。基於企業規模的槓桿迴歸中，建築業、批發和零售貿易、房地產業、傳播與文化產業，具有顯著較高的負債率。基於企業持續期的槓桿迴歸中，建築業、批發和零售貿易、房地產業、傳播與文化產業，仍然具有顯著較高的負債率。表4.7中事件期二值變量（Crunch）、兩個約束變量（Access：Size、Age）及兩者交叉項的方向與固定效應模型和隨機效應模型的推斷結果一致。通過Hausman檢驗固定效應與隨機效應迴歸系數的一致性，兩種方法得到的的結論無顯著差異。

在經濟上行期（2003—2006年），關於解釋變量，表4.8中的數據顯示，事件期二值變量的系數均顯著為正，表明信貸政

策緊縮時企業債務水平整體下調；財務約束變量顯著為正，表明企業規模或持續期的增大會引起債務水平的增加；交叉項系數均顯著，財務約束變量一次項的交叉結果表明在政策緊縮時，大企業的債務水平高於小企業，而顯著為負的二次項交叉結果表明這種加速作用隨著企業增大會減弱。就理論解釋的符合程度而言，這些推斷分析說明信用渠道有助於解釋經濟上行期貨幣政策緊縮的效果。

對於宏觀控制變量，表 4.8 顯示，經濟的增長對應系數均顯著為正、貨幣供應量的系數均顯著為負、利率水平的系數均顯著為正、股市表現在持續期分析中顯著為負、金融市場發達程度與市值槓桿顯著正相關。宏觀證據表明，經濟的增長可能會促進企業債務融資；股市的良好表現可能對企業的債務融資產生替代效應（同時，微觀控制變量「股市回報」的系數為負有助於這一解釋）；金融業的競爭和信貸資金分配的市場化水平越高企業債務融資的可能性越大；然而貨幣供應量、利率水平的系數表明貨幣供應的增加和利率水平的降低可能會導致債務融資的減少，與「貨幣觀」的預測相反。

對於微觀的控制變量，表 4.8 顯示，盈利能力與債務水平均顯著負相關、非債務稅盾與債務水平均負相關，這表明企業內部資金的累積會替代外部的債務融資，企業債務融資會考慮稅收負擔水平。微觀控制變量的迴歸結果說明融資優序理論和權衡理論一定程度上可以對債務融資水平給予解釋。迴歸中，CPG, Indm, PB, Volatility, Tang 對應的系數要麼不顯著，要麼在方向上不穩定，本部分不做進一步分析，下文的處理同此。

表 4.9 2007—2009 年季度槓桿率的 OLS 穩健迴歸結果

	企業規模 (Size)		企業持續期 (Age)	
	市值槓桿	財務槓桿	市值槓桿	財務槓桿
Loose	−2.937,3***	−6.828,9***	−0.083,7***	−0.110,9***
	(0.648,1)	(0.713,4)	(0.014,4)	(0.016,6)
Access	0.078,5***	0.068,9***	0.008,0***	0.006,4***
	(0.002,9)	(0.003,0)	(0.000,8)	(0.000,9)
Loose · Access	0.239,0***	0.615,0***	0.030,9***	0.030,1***
	(0.059,3)	(0.064,8)	(0.002,3)	(0.002,6)
Loose · Access²	−0.004,6**	−0.013,7***	−0.001,4***	−0.001,4***
	(0.001,3)	(0.001,4)	(0.000,1)	(0.000,1)
GDP	−0.015,5*	−0.009,1	−0.019,0*	−0.011,1
	(0.008,0)	(0.008,6)	(0.009,0)	(0.009,4)
Nrr	−0.020,3**	0.007,3	−0.019,1**	0.008,2
	(0.005,9)	(0.006,3)	(0.006,7)	(0.006,9)
M_1	7.811,4***	−0.081,2	−1.017,2***	0.248,9
	(1.331,2)	(1.469,1)	(0.187,4)	(0.216,0)
M_1 · Access	−0.441,8***	0.005,0	−0.050,8**	−0.007,1
	(0.062,2)	(0.067,6)	(0.017,1)	(0.019,7)
STOCKM	−0.030,0**	−0.022,4*	−0.035,5**	−0.028,4*
	(0.010,3)	(0.011,3)	(0.011,7)	(0.012,4)
Marketization	0.003,1***	0.001,2	0.007,8***	0.005,8***
	(0.000,8)	(0.000,9)	(0.000,9)	(0.001,0)
CPG	0.001,6	0.001,3	0.001,1	0.000,8
	(0.001,5)	(0.001,6)	(0.001,7)	(0.001,7)
Indm	0.019,30	−0.036,0	0.041,9*	−0.002,5
	(0.022,3)	(0.022,7)	(0.024,1)	(0.024,3)
Return	0.005,2		0.006,0	
	(0.006,0)		(0.006,7)	
PB	−0.005,4***	0.016,1***	−0.010,2***	0.011,1***
	(0.000,5)	(0.000,5)	(0.000)	(0.000,5)

表4.9(續)

	企業規模（Size）		企業持續期（Age）	
	市值槓桿	財務槓桿	市值槓桿	財務槓桿
Profitability	-0.001,0***	-0.001,3***	-0.000,7***	-0.000,9***
	(0.000,0)	(0.000,0)	(0.000,0)	(0.000,0)
Volatility	-0.002,2**	-0.003,4***	-0.004,8***	-0.006,3***
	(0.000,7)	(0.000,8)	(0.000,8)	(0.000,9)
NDTS	-0.072,1***	-0.034,6**	-0.056,9***	-0.030,0*
	(0.011,3)	(0.011,8)	(0.013,5)	(0.013,6)
Tang	0.061,7***	0.071,0***	0.087,8***	0.097,9***
	(0.010,4)	(0.011,4)	(0.011,8)	(0.012,1)
Constant	-1.443,9***	-1.240,1***	0.179,5***	0.196,0***
	(0.070,8)	(0.072,5)	(0.033,1)	(0.034,8)
Industry	control	control	control	control
Number of observations	7,709	8,848	7,709	8,848
Adjusted R^2	0.441,9	0.349,3	0.292,5	0.220,6

註：在2007—2009年度的季度數據迴歸中，添加貨幣供應量（M_1）與融資受約束程度（Access）的交叉項，探尋貨幣渠道作用的差異。表中事件期二值變量（Loose）、兩個約束變量（Access：Size、Age）及兩者交叉項的方向與固定效應模型和隨機效應模型的推斷結果一致。通過Hausman檢驗固定效應與隨機效應迴歸系數的一致性，兩種方法得到的結論無顯著差異。基於企業規模的槓桿迴歸中，電力—煤氣及水的生產和供應業、建築業、批發和零售貿易、房地產業、綜合類，具有顯著較高的負債率。基於企業持續期的槓桿迴歸中，電力—煤氣及水的生產和供應業、建築業、批發和零售貿易、房地產業、綜合類，仍然具有顯著較高的負債率。

在經濟下行期（2007—2009年），關於解釋變量，表4.9中的數據顯示，事件期二值變量的系數均顯著為正，表明貨幣政策引致信貸供給寬鬆時企業債務水平整體下調；財務約束變量顯著為正，表明企業規模或持續期的增大會引起債務水平的增加；交叉項系數均顯著，財務約束變量一次項的交叉結果表明

在政策寬鬆時，大企業的債務水平高於小企業，而顯著為負的二次項交叉結果表明這種加速作用隨著企業增大會減弱。就與理論預期的符合程度而言，解釋變量的相關分析說明信用渠道無法完全解釋經濟下行期貨幣政策寬鬆時的效果。

對於宏觀控制變量，表 4.9 顯示，經濟的增長對應系數為負、利率水平的系數在基於市值槓桿的迴歸中顯著為負、貨幣供應量的系數在基於市值槓桿的分析中顯著相關但方向不一致、貨幣供應量與財務約束程度的交叉項系數在市值槓桿下顯著為負、股市表現的系數均顯著為負、金融市場發達程度在分析中系數為正。宏觀證據表明，經濟的增長與債務融資負相關（與經濟上行期相反），這可能與金融危機期間企業融資行為的反常有關；利率水平的系數顯著為負表明利率水平變動可能會引起投資需求變動，進而引起債務融資的變化，這與「貨幣觀」的預期一致；貨幣供應交叉項的系數為負表明大企業對貨幣供給衝擊的反應沒有小企業的反應顯著，結合解釋變量的推斷分析，小企業可能受貨幣渠道的影響較大，而大企業受信用渠道的影響較大；股市的良好表現可能對企業的債務融資產生替代效應；金融業的競爭和信貸資金分配的市場化水平越高企業債務融資的可能性越大。

對於微觀的控制變量，表 4.9 顯示，盈利能力的系數、利潤波動性的系數、非債務稅盾的系數均顯著為負，可抵押價值的系數均顯著為正，這表明企業內部資金的累積會替代外部的債務融資，企業債務融資會考慮稅收負擔水平、破產的可能、代理成本等。微觀控制變量的迴歸結果說明融資優序理論和權衡理論一定程度上可以對債務融資水平給予解釋。

基於表 4.8 和表 4.9 的統計推斷結果，在經濟下行期當信貸寬鬆時小企業相對於大企業槓桿率下降，這與假設 1 中槓桿率上升的假定不一致；同樣，我們的證據與 Leary、曾海艦等的也

不一致，部分原因可能是前者為美國自由市場下與存款許可政策相關的樣本，後者為1998年中國金融市場化初期的樣本。一個十分重要的原因可能是「一般認為，在經濟收縮階段擴張性貨幣政策對經濟的加速作用小於在經濟擴張階段緊縮貨幣政策對經濟的減速作用」（劉金全，2007）。這種貨幣政策的非對稱作用效果，可能源於三個方面的影響：一是信貸配給的約束；二是經濟主體的預期在經濟或松或緊的不同時期所表現出的不同；三是與價格和工資黏性相關的價格調整所引起的替代①。而我們的研究中僅僅考察了一個方面。而且，與信貸配給相關的另外兩方面因素影響貨幣政策的效果：一是銀行自身的信貸風險。這通常源於經濟蕭條所引致的借貸雙方逆向選擇和道德風險的加劇。二是資本監管因素。銀行信貸不僅受制於準備金約束，更受制於資本監管約束②。這些因素本部分並未進行考察，我們的觀點是貨幣政策在經濟下行期無法完全通過「信用觀」進行分析，而「貨幣觀」的分析可能有其合理性。當然，信貸配給問題的存在可能會加劇政策效果的不對稱。關於「銀行貸款比例」在寬鬆（或緊縮）時期的變動情況還需實施資本來源測試。在經濟上行期，當信貸緊縮時小企業相對於大企業槓桿率下降，做出了被動調整；而大企業做出主動調整，信貸緊縮

---

① 具體到中國的情況，中央銀行減少貨幣供給的政策操作會因為商業銀行和企業沒有其他有效的融資渠道以及粗放型發展模式下自有資金的不足而產生有效的信貸緊縮效應；而通貨緊縮時期擴張性的貨幣政策會因為經濟不景氣時銀行貸款供給的下降和企業貸款需求下降、信貸資金的漏損等因素而造成向實體經濟投放的信貸資金減少，進而無法起到刺激經濟的作用。

② 金永軍、陳柳欽和攸頻在《KCC-LM 模型：貨幣政策非對稱效應分析的新框架》一文中，將資本監管約束和信貸配給因素納入 CC-LM 模型形成貨幣政策非對稱效應分析框架，認為在資本充足率約束下，資本監管強化了貨幣政策下銀行信貸的非對稱效應。（《金融評論》，2010 年第 3 期）

時反而調增槓桿率,這與前文的假設4.1和假設4.2相符①。

(3) 資本來源測試

為了加深對槓桿率變化的理解,特別是考察假設4.1中對「銀行貸款比例」的推測,本部分對信貸衝擊後融資來源間的相對變化和替代模式做進一步分析。具體分析將包括債務之間的替代性,債務與內源、外部權益之間的替代性。

通過計算組間均值的差異水平並進行推斷分析,我們考察了債務之間的替代和權益融資的基本趨勢,結果如表4.10所示。

表4.10　　大小企業資本結構的單變量分析

變量	年度	均值 Age=1	均值 Age=0	T檢驗 t值	T檢驗 P值
TC	2003	0.149,8	0.160,0	1.172,7	0.120,8
	2004	0.144,2	0.185,3	6.126,9	0.000,0
	2005	0.155,9	0.175,7	3.260,7	0.000,6
	2006	0.162,2	0.169,0	1.312,4	0.094,8
	2007	0.161,4	0.168,4	1.541,3	0.061,7
	2008	0.158,8	0.171,7	2.910,9	0.001,8
	2009	0.154,4	0.176,2	4.869,1	0.000,0
Sloan	2003	0.187,0	0.135,1	−7.023,8	0.000,0
	2004	0.190,2	0.147,0	−7.526,9	0.000,0
	2005	0.187,2	0.149,8	−6.941,4	0.000,0
	2006	0.180,0	0.160,0	−3.885,8	0.000,1
	2007	0.160,9	0.157,7	−0.701,8	0.241,4
	2008	0.156,4	0.160,2	0.785,7	0.216,0
	2009	0.140,5	0.147,1	1.477,0	0.069,9

① 陸前進和盧慶杰研究表明,在中國,企業規模的大小顯著地影響其貸款的可得性,從而影響貨幣政策的信貸傳導途徑。(陸前進、盧慶杰,2007)

表4.10(續)

變量	年度	均值 Age=1	均值 Age=0	T檢驗 t值	T檢驗 P值
Lloan	2003	0.089,7	0.075,8	-2.831,5	0.002,4
	2004	0.091,7	0.075,8	-3.739,3	0.000,1
	2005	0.091,8	0.085,5	-1.449,6	0.073,7
	2006	0.092,7	0.088,1	-1.107,2	0.134,2
	2007	0.096,4	0.077,2	-4.950,7	0.000,0
	2008	0.102,1	0.068,3	-8.576,2	0.000,0
	2009	0.115,1	0.079,2	-8.123,3	0.000,0
PC	2003	0.197,5	0.180,7	-2.484,0	0.006,6
	2004	0.193,5	0.176,5	-3.035,6	0.001,2
	2005	0.189,1	0.189,1	0.002,7	0.498,9
	2006	0.186,0	0.190,9	0.933,9	0.175,2
	2007	0.187,1	0.186,6	-0.098,6	0.460,7
	2008	0.191,0	0.177,9	-2.768,2	0.002,8
	2009	0.192,3	0.182,7	-1.968,5	0.024,5

註：2003—2009年小企業的權益比例均值一直顯著大於大企業，而負債比例均值一直顯著小於大企業，結果未在表中列示。表中數據的計算採用企業持續期（Age）分組進行，大於持續期均值的企業對應持續期二值變量取1，否則取0。參照趙冬青等（2008）的分析，此處採用資本公積占比（PC）作為權益融資的替代變量進行分析。

分析貿易應付款，我們發現2003年小企業的貿易應付款與大企業的差異不顯著，而在2004年小企業的貿易應付款顯著大於大企業，2005年和2006年該比例有所降低；分析短期借款，我們發現在2004年大企業的比例顯著大於小企業的比例，與前後年度相比大企業明顯較大；分析長期借款比例，2003—2006年度大企業大於小企業，在2004年度更加顯著，而且小企業的

長期借款比例 2004 年明顯低於之後年度；分析公積金佔比，2004 年小企業顯著小於大企業，與前後年度相比也明顯變小。基於上述組別檢驗結果和趨勢比較，小企業在 2004 年度較高的貿易應付款比例，相對較低的長期借款比例和公積金佔比，表明了小企業在 2004 年度對貿易應付款的依賴；同時，在 2004 年度較高的長短期借款和公積金佔比，表明大企業對短期銀行債、長期銀行債和外部權益資金的依賴。

2007—2009 年，小企業的貿易應付款均顯著大於大企業，且顯著性逐年增強；雖然兩類企業的短期借款比例均有所降低，但小企業在 2009 年顯著大於大企業；大企業的長期借款比例各年度均顯著大於小企業的長期借款，而且小企業的長期借款在 2009 年增加較少；小企業的公積金佔比在 2008 年和 2009 年顯著小於大企業公積金佔比。基於上述組別的檢驗結果和趨勢比較，小企業在 2009 年依賴貿易應付款；而大企業依賴於長期銀行債和外部權益資金。

以上經驗證據表明，銀行債的佔比在不同的貨幣政策衝擊下對於不同約束程度的企業而言有所不同。對於假設 4.1，小企業 2004 年度的債務結構與期限調整與其相符，與「主要檢驗」的結論一致；小企業 2009 年度貿易應付款、長期借款增加一定程度支持假設 4.1，但公積金佔比增大與短期借款比例減小，反而印證「主要檢驗」部分結論，即槓桿率可能下降，這與假設 4.1 不符。關於 2009 年度的結論與現實狀況一致。全國工商聯提供的數據顯示，2009 年 1 月份，私營企業及個體短期貸款餘額為 4,214 億元，比 2008 年 12 月貸款餘額還少。全國 2009 年 1 月份的短期貸款餘額比 2008 年 12 月份增加了 4,000 億元，但私營和個體的短期貸款餘額減少了 7 億元（劉敏、丁德科，2010）。對於假設 4.2，大企業 2004 年度短期借款、長期借款和

權益融資的增加，以及貿易應付款的減少則給予支持，與「主要檢驗」的結論一致。

　　顯然，當企業面臨財務約束，它會試圖通過其他方式進行融資。在權益融資方面，對內部資金的利用、股票的發放均可以滿足企業融資的需要。為了進一步考察這一狀況，我們檢驗貨幣政策衝擊對企業發行相對於權益融資的債務的影響。本部分將採用類似於模型（1）的多值因變量模型，如果企業採用內部資金，則被解釋變量取 0；如果借債，則取 1；如果發行股票，則取 2；如果既借債又發行股票，則取 3 ①。基於經驗文獻（Hovakimian, Opler, & Titman, 2001; Korajczyk & Levy, 2003; Leary & Roberts, 2005），我們將債務發行企業定義為，籌資活動現金流中銀行當期借款淨額大於當期資產帳面價值 1% 的企業。借鑑國外學者的界定（Fama & French, 2005），我們將權益發行企業定義為，籌資活動現金流中權益性活動當期淨現金流大於研究樣本權益性活動現金流 75 分位值的企業。此外，我們將依賴內源融資企業定義為，當期未分配利潤與累計折舊等合計值大於研究樣本 75 分位值的企業。在估計中，債務發行為基準組，所估計的系數指代每一變量對企業相對於債務融資而獲得權益融資可能性的影響。模型設定中控制變量包括「主要檢驗」部分的所有控制變量。此外，參照已有研究（Leary, 2009），添加財務槓桿率（Lev）進行控制。如同上一部分的研究，解釋變量的估計系數將基於不同的分組進行考察。

---

① 研究中發現企業債券融資的數量較少，且對本部分結果的影響不顯著，於是未單獨分類考察。

表 4.11　　　　　貨幣政策對融資選擇的影響

	2003—2006 年度			2007—2009 年度		
	內部資金	外部權益	權益及債務	內部資金	外部權益	權益及債務
Crunch/ Loose	5.89e−07	0.000,1	1.12e+14	1.95e+38**	7.65e+19	6.70e+31*
	(0.000,0)	(0.003,5)	(3.89e+15)	(5.95e+39)	(2.28e+21)	(1.96e+33)
Access	0.722,5**	0.456,2***	0.712,6**	0.654,9***	0.485,1***	0.837,6*
	(0.078,8)	(0.044,5)	(0.070,1)	(0.057,0)	(0.038,5)	(0.066,2)
Crunch/ Loose · Access	4.174,9	2.535,7	0.058,8	0.000,3***	0.014,9	0.001,1**
	(14.471,4)	(8.037,7)	(0.185,0)	(0.000,9)	(0.040,0)	(0.002,8)
Crunch/ Loose · Access²	0.965,5	0.977,0	1.063,6	1.199,0**	1.094,8	1.163,3*
	(0.075,9)	(0.070,1)	(0.075,6)	(0.073,8)	(0.065,7)	(0.068,2)
GDP	0.608,3	1.241,4	1.435,7	0.979,7	0.687,6***	0.618,3***
	(0.211,3)	(0.382,9)	(0.452,5)	(0.068,2)	(0.044,7)	(0.041,2)
Nrr	2.309,5	0.477,5	0.489,4	1.428,0	0.381,3**	0.320,4***
	(2.181,3)	(0.401,7)	(0.420,5)	(0.461,5)	(0.109,8)	(0.093,4)
M_1	5.023,0	5.58e−11***	2.83e−13***	0.103,3	65.714,6	21.237,3
	(34.013,9)	(3.39e−10)	(1.76e−12)	(0.383,9)	(227.131,9)	(74.579,8)
STOCKM	1.745,2	1.295,8	1.430,739	1.201,8	2.164,8*	3.748,1**
	(1.005,1)	(0.668,9)	(0.758,750,6)	(0.541,3)	(0.889,4)	(1.556,7)
Marketization	0.983,7	0.938,5*	1.042,6	0.963,2	0.945,6*	0.956,5
	(0.039,1)	(0.033,8)	(0.038,7)	(0.034,4)	(0.031,2)	(0.032,0)
Indm	0.131,0*	0.241,5	0.260,8	0.162,3*	0.967,2	0.526,1
	(0.130,2)	(0.215,5)	(0.239,3)	(0.147,9)	(0.808,9)	(0.445,5)
PB	1.099,9*	1.011,4	1.022,8	0.980,8	0.939,3**	0.968,9
	(0.044,8)	(0.038,7)	(0.040,4)	(0.020,3)	(0.017,8)	(0.018,6)
Lev	0.160,8***	0.659,9	0.426,4*	0.688,7	1.816,3	0.847,5
	(0.074,8)	(0.279,1)	(0.184,4)	(0.301,1)	(0.733,8)	(0.346,6)
Profitability	0.999,1	0.999,0	1.022,8	1.001,9	0.999,0	0.997,5
	(0.002,5)	(0.002,3)	(0.040,4)	(0.002,7)	(0.002,5)	(0.002,5)
Volatility	0.947,5*	0.965,7	0.948,7*	1.008,9	1.023,7	1.066,5*
	(0.029,4)	(0.026,2)	(0.026,9)	(0.032,2)	(0.029,9)	(0.031,4)
NDTS	2.194,0	1.456,4	2.468,6*	1.816,3	0.555,7	0.762,7
	(1.266,1)	(0.771,2)	(1.334,1)	(0.877,1)	(0.252,0)	(0.349,6)
Tang	0.683,7	1.495,4	1.105,4	0.785,5	1.416,3	0.871,2
	(0.298,4)	(0.582,9)	(0.442,9)	(0.325,3)	(0.538,1)	(0.335,3)
Industry		*Control*			*Control*	

表4.11（續）

	2003—2006 年度			2007—2009 年度		
	內部資金	外部權益	權益及債務	內部資金	外部權益	權益及債務
Number of observations		7,560			8,402	
Pseudo R^2		0.048,7			0.054,7	

註：在多分因變量 *logit* 模型中，企業融資決策中債務選擇被看成「基準」選擇，則內源資金留存和外部權益籌資都基於一個邏輯（*logit*）方程與這個基準進行比較。這些邏輯方程的因變量是相對於基準選擇的機率的對數。*Access* 採用規模（*Size*）分組，（*Crunch/ Loose*），*Access* 項的系數表明，在信貸緊縮（或寬鬆）時不同規模企業採用內部融資和外部權益融資來替代債務融資的差異。

在 2003—2006 年度的多值因變量迴歸中，財務約束項系數均顯著為正，表明規模較大的企業在權益融資方式下具有全面的優勢，但是兩個交叉項系數並不顯著，表明緊縮時期大企業的權益融資可能並未增加。關於控制變量的系數，兩種外部權益融資下貨幣供應量的系數顯著為正，表明貨幣渠道分析有助於解釋貨幣政策對外部權益融資的影響；金融的市場化系數趨於顯著為正，表明外部制度環境對權益融資具有促進作用；債務稅盾、利潤波動性與權益融資的關係則部分體現了權益對債務融資的替代作用。

2007—2009 年度，內部資金、權益及債務融資的事件二值變量系數顯著為正，表明企業權益融資增加與寬鬆的貨幣政策相關；財務約束項系數均顯著為正，表明規模較大的企業在權益融資方式下具有全面的優勢；對應交叉項顯著為正的系數進一步表明大企業在債務融資的基礎上較小企業更多地提升權益融資水平，約束變量二次項對應的交叉項系數為正，表明權益融資隨規模的增大邊際遞增，企業越大權益融資越激進。關於控制變量的系數，經濟的增長、利率水平、金融市場發達程度、

成長性、利潤波動性對應的外部權益融資系數均趨於顯著為正，表明宏觀經濟水平、金融市場化程度和企業的發展能力會導致權益融資對債務融資的替代。

採用多元邏輯迴歸模型考察內源融資、股權融資、混合融資相對於債務融資的可能性。在經濟上行時期（2003—2006年），我們發現信貸緊縮時內部融資、外部權益融資相對債務融資增加均不顯著，大企業使用內部融資和外部權益融資的能力也未得到經驗證據的支持，這一定程度上有助於解釋緊縮時期企業資本結構的調整對銀行債務的依賴，其他的融資方式可能並未對信貸供給產生替代，即信用渠道理論可以對緊縮政策的作用方式給以解釋。在經濟下行時期（2007—2009年），我們發現當信貸擴張時外部權益的發放增加；同時，大企業可能更有機會調整資本結構，如本部分債務融資比較下的證據，小企業權益融資增幅較大，大企業還可能會通過舉借長期借款，以商業信用方式向小企業提供資金，這便可能導致政策寬鬆時槓桿水平整體下降而大企業上升。在企業規模對權益融資影響的比較分析中，我們發現規模在「主要檢驗」部分的加速遞減效應消失，反而是遞增的加速效應出現。這表明，在經濟下行時期當政策寬鬆時若有可替代的融資方式出現，那麼企業的融資會表現出一種激進的狀態。

(4) 穩健性檢驗

考慮到上文結論的穩健性，特別是「主要檢驗部分」槓桿率隨信貸政策松緊而在不同受約束樣本間的差異，以下採用樣本的變化、貸款供給代理變量的變化來進行穩健性測試。

$$Leverage_{it} = \alpha + \alpha_1 d_t + \alpha_2 d_j + \alpha_3 d_t d_j + X_{it}\beta + Y'_t\lambda + \varepsilon_{it}$$

(4.1)

修正模型（4.1），我們採用貸款供給變量和財務約束變量

替代 d_i 和 d_j。貸款供給的代理變量包括：銀行家緊縮指數①；信貸規模。財務約束的代理變量為：企業規模。與「貨幣觀」相關的控制變量包括貨幣供應量、利率水平。在模型具體設定中，貸款供給代理變量均採用滯後一期的值，以減少內生性問題。由於 2003 年緊縮指數的缺失，考察信貸緊縮時穩健性檢驗採用 2004—2006 年的季度銀行家緊縮指數進行。考察貸款供給的作用時，採用 2007—2009 年的金融機構季度信貸規模，迴歸中利用當季度的 GDP 對水平額進行了標準化處理。

證據顯示，在 2004—2006 年信貸緊縮時兩種槓桿率均顯著降低，而規模較大企業的槓桿率均具有相對的正向增量；在 2007—2009 年信貸寬鬆時兩種槓桿率均顯著降低，同樣規模較大企業的槓桿率也具有相對的正向增量。這些證據與「主要檢驗」中的結論一致，表明我們在前文對緊縮與寬鬆的界定，以及相關現象間關係的判斷是穩健的。

表 4.12　　緊縮指數與信貸規模對槓桿的影響

	緊縮指數（*Bankerindex*）		信貸規模（*Totalloan*）	
	市值槓桿	財務槓桿	市值槓桿	財務槓桿
Crunch/Loose	−0.182,4*** (0.033,0)	−0.270,1*** (0.032,2)	−0.206,9*** (0.045,6)	−0.588,1*** (0.049,2)
Access	0.110,2*** (0.005,3)	0.081,9*** (0.005,1)	0.053,4*** (0.011,3)	0.053,9*** (0.012,1)
(*Crunch/Loose*)·*Access*	0.017,3*** (0.003,0)	0.025,3*** (0.003,0)	0.017,6*** (0.003,8)	0.053,4*** (0.004,0)
(*Crunch/Loose*)·*Access*^{2}	−0.000,4*** (0.000,0)	−0.000,5*** (0.000,0)	−0.000,3*** (0.000,0)	−0.001,1*** (0.000,0)

---

① 對政策實施狀況進行界定時，Romer 和 Romer 認為採用該領域專家的判斷具有其他代理變量所不具有的優勢（Romer & Romer, 1990）。

表4.12(續)

	緊縮指數(*Bankerindex*)		信貸規模(*Totalloan*)	
	市值槓桿	財務槓桿	市值槓桿	財務槓桿
GDP	0.023,8 (0.022,7)	0.058,8** (0.019,97)	0.036,4** (0.001,0)	0.037,1* (0.014,4)
Nrr	0.120,7*** (0.021,7)	0.075,6*** (0.019,7)	-0.046,8*** (0.002,6)	0.006,3* (0.002,7)
M_1	-0.738,2* (0.296,1)	-0.915,2** (0.265,4)	0.357,0 (1.157,3)	-2.856,7* (1.253,3)
$M_1 \cdot Access$			-0.100,1* (0.054,0)	0.125,7* (0.057,6)
STOCKM	0.040,14** (0.014,5)	-0.014,1 (0.012,3)	-0.062,4*** (0.007,8)	-0.024,4** (0.008,6)
Marketization	0.002,2* (0.001,2)	-0.002,3* (0.001,1)	0.003,1*** (0.000,8)	0.001,3 (0.000,9)
CPG	0.000,3 (0.002,1)	0.000,3 (0.001,8)	0.001,7 (0.001,5)	0.001,2 (0.001,6)
Indm	-0.025,5 (0.032,1)	0.002,4 (0.027,6)	0.016,4 (0.022,5)	-0.034,0 (0.022,6)
Return	-0.021,9* (0.008,7)		0.004,0 (0.006,0)	
PB	0.002,6* (0.001,3)	0.023,6*** (0.001,0)	-0.005,7*** (0.000,5)	0.016,4*** (0.000,5)
Profitability	-0.001,3*** (0.000,0)	-0.001,1*** (0.000,0)	-0.001,1*** (0.000,0)	-0.001,3*** (0.000,0)
Volatility	0.002,7** (0.001,0)	0.003,1** (0.000,9)	-0.001,7* (0.000,7)	-0.003,1*** (0.000,8)
NDTS	-0.036,4* (0.017,0)	-0.043,9** (0.014,8)	-0.069,6*** (0.011,4)	-0.030,0* (0.011,7)
Tang	0.027,6* (0.014,0)	-0.013,6 (0.012,4)	0.057,2*** (0.010,5)	0.071,5*** (0.011,3)

表4.12(續)

	緊縮指數（Bankerindex）		信貸規模（Totalloan）	
	市值槓桿	財務槓桿	市值槓桿	財務槓桿
Constant	−2.222,1*** (0.127,8)	−1.448,4*** (0.119,5)	−0.898,4*** (0.244,9)	−1.005,0*** (0.266,0)
Industry	Control	Control	Control	Control
Number of observations	5,347	6,256	7,709	8,848
Adjusted R^2	0.320,1	0.285,2	0.434,3	0.355,7

註：「緊縮指數」部分包括，在經濟上行期間（2003—2006年）採用緊縮指數代理信貸緊縮變量進行迴歸的結果，被解釋變量分別為市值槓桿和財務槓桿。「信貸規模」部分包括，在經濟下行期間（2007—2009年）採用信貸規模代理信貸寬鬆變量進行迴歸的結果，被解釋變量同樣為市值槓桿和財務槓桿。表中企業規模（Access）、緊縮指數（Crunch/Loose）及兩者交叉項的估計方向與固定效應模型和隨機效應模型的推斷結果一致，通過Hausman檢驗固定效應與隨機效應迴歸係數的一致性，兩種方法得到的結論無顯著差異。雖然信貸規模（Crunch/Loose）作為貨幣政策的代理變量進行迴歸中固定效應與隨機效應的Hausman係數差異檢驗顯著，但是解釋變量係數的估計方向一致。

4.4 本章小結

中國的金融市場以銀行體系為主，股票市場發展相對滯後。自2003年以來，中國金融業的股份制改革逐步深入，金融體制由以往的商業化、市場化向現今股份化轉軌，我們預期這一改革會帶來較好的效果。然而，已有研究表明在早期商業化、市場化下銀企的關係轉變並未帶來企業治理效果的改善（田利輝，2005）。本章通過分析企業債務相對變化考察股份化以來金融體制中的摩擦（信息不對稱）及其影響。

本章的經驗證據是，信貸緊縮時期企業的槓桿率變小，而且財務約束較大的企業調整幅度更大；在信貸寬鬆時，這樣的狀況同樣存在。這一證據表明，由於銀行貸款渠道中的問題（信息不對稱），導致特徵相同而財務約束不同的企業在同一貨幣政策下產生不同的融資行為。顯然，在中國的金融市場中存在較大的摩擦，銀企關聯狀況存在異相。在不同的經濟運行時期企業的表現為何如此？融資中哪些行為與自身特徵有關，哪些又依賴於現今的經濟環境？以下通過融資需求、市場摩擦（信息不對稱）、貨幣政策非對稱性三個方面對本章的結論進行解釋，對其意義進行探討。

研究試圖發現，在貨幣政策變化時自由市場中的信貸摩擦（信息不對稱）對企業融資決策的影響，然而預期的結果只有在緊縮時發生，寬鬆時並不明顯。這一狀況可能表明金融危機之後企業的選擇發生了變化，加之金融體制中的結構失調，政策便有可能失效。Christiano, Gust 和 Roldos 在其《金融危機中的貨幣政策》中研究了危機後為促進經濟復甦，究竟應降低還是升高利率，結論認為這取決於危機發生國的生產彈性差異：如果危機發生國生產要素之間有顯著替代彈性、收益遞減又不太大，下調利率有利於促進經濟擴張；否則，應提高利率。在經濟下行時期，當信貸寬鬆時受約束較強的企業並沒有通過銀行渠道增加對長期資金的籌措，相反增加了貿易往來中的資金占用，只有短期借款比例有所增加。從融資方式替代的角度看，雖然對外部權益的使用有所增加，但小企業權益融資能力顯著小於大企業。這與經典的信用渠道及信貸配給理論預測相反，這可能源於小企業需求的不景氣。雖然我們對以往研究中的企業特徵變量進行了有效控制，但是由於小企業經營的單一化，生產缺乏彈性，宏觀經濟的衰退與總需求的減少將導致其收益遞減，小企業對貨幣政策的寬鬆便缺乏應有的反應。

就貨幣政策中的摩擦（信息不對稱）而言，這在中國是不言自明的。長期以來的國有經濟為主導的發展模式，使得非國有的中小企業在融資的諸多環節中受到歧視。雖然近年來國家逐漸對發展中小企業的融資平臺有所重視，各地中小銀行逐步發展，但是相對經濟主體中的中小企業資金需求仍然捉襟見肘。此時，在信貸供給中不僅存在自由市場理論下「信貸配給」現象，而且會將一貫的對中小企業的歧視持續到信貸寬鬆時期。即銀行寧可將資金向並不需要的大企業配置，也不願給予關係疏遠的中小企業。對於這種狀況的解釋，第一，中小企業確實需要產業轉型，現有的模式不足以提供未來現金流以補償信貸資金；第二，以四大國有商業銀行為主體的金融體系短期內難以轉變市場所強化的「歧視傾向」。在當前的市場競爭中，中小企業得不到資金，於是銀行認為中小企業缺乏成長性，也許根本的原因在於市場中的非理性主體認為「葡萄是酸的」。

　　研究中貨幣政策寬鬆時的異象可能源於其他因素的影響。雖然信用渠道分析及配給理論可以對貨幣政策的效果進行預測和解釋，但是2009年經濟下行時貨幣政策的有限性表明存在其他的干擾。「一般認為，在經濟收縮階段擴張性貨幣政策對經濟的加速作用小於在經濟擴張階段緊縮貨幣政策對經濟的減速作用。」有關這一貨幣政策非對稱性的研究表明，至少還有經濟主體的預期和價格黏性會擴大這種非對稱性，然而，我們僅是通過融資狀況驗證其中「信貸配給」的作用。此外，我們的研究發現，貨幣觀下的利率渠道在2007—2009年度發揮著一定的作用。顯然，在金融深化過程中利率的作用逐步得以體現，這是中國金融體制股份化以來的利好信息。

　　圍繞「貨幣政策、信用渠道和融資決策」的考察，本章僅僅提供了一些直觀的經驗證據。如果深入分析，我們認為至少在以下方面需要進一步深入研究。首先，產業發展與企業融資

決策的關係。我們的研究發現在經濟運行的特定時期不同行業的企業財務結構差異顯著，如建築業、批發和零售貿易、房地產業等。國外已有研究表明企業所屬行業的差異與融資選擇必然相關，中國也有學者從產業經濟角度考察融資決策。正如上述第一方面的討論，在中國產業轉型時期，企業的資本需求可能處於動態調整之中。因此，圍繞產業政策的融資研究同樣意義重大。其次，中國的信貸供給與國外的信貸供給差異。我們僅僅考察了信貸量增減的後果，然而如上述第二方面的討論，如果中國的信用渠道是人為干預的一個過程，而非銀行自身利益驅動下的選擇，那麼對諸多「信貸事件」的考察就有助於發掘中國金融體制運作的特殊之處，為轉型國家金融理論的拓展提供經驗證據。最後，就貨幣政策非對稱性而言，本章提供了強有力的經驗證據。但是，有關主體預期、費用黏性的考證同樣意義重大。

此外，對於實踐中銀企間的具體治理問題，如：企業控制權的影響、關係銀行的影響，本章並未做分析；就研究技術方面而言，也未對貨幣政策的真實狀況進行挖掘，而直接採用直觀數據進行經驗分析，今後的研究還需就這些方面給予改進。

5 信用渠道下的融資決策：代理成本

  以往資本結構研究中，通過考察市場中的「噪音」，對最初的 MM 模型添加了稅收、破產、代理關係、信息不對稱及產業競爭等方面的摩擦因子，也有研究考察了決策主體的預期對資本結構選擇的影響。在資本結構選擇因素的考察中，從需求角度到供給角度（例如，基於稅收利益進行的借款需求分析，基於破產風險進行的信貸供給分析），從微觀因素到宏觀因素（例如，基於代理成本考察債務契約的調整，基於貨幣政策變更考察企業信貸資金的可獲得性）(Korajczyk & Levy, 2003; Gertler & Gilchrist, 1993, 1994; Bernanke & Gertler, 1995; Kiyotaki & Moore, 1997)，相關因素的研究似乎趨於窮盡。

  然而，各個因素的具體（或交互）作用方式值得進一步探索。按照第 3、4 章的結論，信用渠道在中國發揮著重要的作用，影響著貨幣政策變更與企業債務融資之間的關係，而且第 4 章的結論表明信用渠道在（經濟下行期）政策寬鬆時存在一定的阻滯和不暢，這要求我們有必要進一步考察「阻滯和不暢」的原因及其對銀企關係的影響。

  結合貨幣政策變更，本章進行的費用黏性影響分析具有重要的理論意義。以往研究，要麼從微觀角度考察企業財務契約

的調整，要麼從宏觀角度考察外部環境對主體融資決策的影響（Lucas & McDonald，1990；Choe & Masulis，1993）。本章將結合企業內部代理成本分析與銀企合約下的信息不對稱或融資約束分析，綜合研究資本結構選擇中的微觀與宏觀因素。就現實背景而言，中國的金融市場以銀行體系為主，近年來金融體制中的摩擦（特別是企業內部的干擾）是有所增加還是減少，相關考察尤為迫切；2008年金融危機之後，中國的貨幣政策由「從緊」轉向「適度寬鬆」，必然對企業的融資決策產生影響，這同樣需要經驗素材的收集與分析。顯然，圍繞微觀利益相關者行為的經濟後果——費用黏性，考察企業內部摩擦對貨幣政策效應的干擾，對於解釋金融體制中的摩擦和政策效應具有重要的現實價值。

5.1 代理成本對融資決策的影響

代理成本理論關注「監督權力」「剩餘權益」「道德風險」「代理成本」的配置或規避（Alchian & Demsetz，1972；Jensen & Meckling，1976），有助於解釋所有者—管理者的行為特徵和其他企業締約者的決策。基於Titman和Wessels在其經驗研究中的評述，從企業角度考察銀行債務資金的融通，涉及專業化投資水平、盈利能力等的考量（Titman & Wessels，1998）。其中，與可抵押價值相關的契約成本分析可以有效地解釋貸款融資的決策。Galai和Masulis，Jensen和Meckling，Myers，他們認為負債公司的股東有動機實施次優的投資對公司債權人的財富進行侵蝕，於是具有較大抵押價值的公司才可能得到債權人的資金，而且抵押價值的不足會導致債權人附加對其有利的限制條款（Galai & Masulis，1976；Jensen & Meckling，1976；Myers，

1977)。另外，Grossman 和 Hart 認為管理者存在的過度消費行為可以通過高額負債引致的破產威脅給予遏制，而且債權人有助於對管理者的監督；同時，具有較小抵押價值的公司，由於對資本配置的監督比較困難導致管理者與股東間的代理成本較大，於是抵押價值較小的公司會較多地舉借債務，以限制管理者的在職消費（Grossman & Hart, 1982）。顯然，資產的抵押價值影響著債務的選擇。第一種觀點是抵押價值越大債務融資越多，強調融資的可獲得性；第二種觀點是抵押價值越小債務融資越多，強調融資的需求。除此之外，與代理成本相關的企業融資問題考察，還涉及契約結構在實踐中所呈現的一系列機制。公司治理是保護締約者權益的一系列機制，如股權結構、董事會特徵、監事會特徵、內部控制模式等。不同公司治理水平的差異會導致同一資本結構選擇面對不同的契約維持成本。這些差異將體現於企業的價值之中（LLSV, 2002），同時也影響著企業的債務水平（Fama & Jensen, 1983; Gilson, 1989; Berger et al., 1997）。

在財務決策執行中，費用變動分析尤其重要，原因在於費用變動反應了與決策相關的管理者動機和相應的治理效果。在以往財務分析和審計取證時，基於財務報表計算營業費用、管理費用與營業淨收入的比例，將其作為同一行業不同公司、同一公司不同時期的財務狀況的信號之一，將較大的比值視作管理失控或營銷不力的證據（Bernstein & Wild, 1998; Mintz, 1999）。同樣，審計人員進行實質性測試時往往假定成本應該適度配比於銷售收入（Messier, 2000）。顯然，以上實踐中存在一個先入為主的評判尺度，即在機制性會計流程下費用與收入嚴格配比。然而，經驗證據表明事實並非如此。研究顯示，公司的經理層動機、資本密集程度及勞動力密集程度均對企業成本產生影響。例如，研究者定義的費用「黏性」概念，當費用隨

著業務量的變化而變化時，其邊際變化在業務量變化的不同方向上呈現出不同，而且公司的資本密集度、勞動力密集度、收入變動趨勢、經濟形勢會對這一非對稱性產生影響（Anderson et al., 2003）。在國內，學者對費用黏性的學理、費用黏性的影響因素、費用黏性的計量、中國費用黏性的存在和程度分別進行了介紹，認為管理者的機會主義可能是造成費用黏性的主要原因（孫錚和劉浩，2004）。由於代理問題研究所關注的成本或效益分析正是圍繞管理者或內部人的「機會主義」假設進行的，那麼費用黏性是否就是締約者代理衝突的結果，並將影響債權投資人的決策？

從已有的研究文獻看，中國學者對信貸供給和代理成本的研究大都獨立進行，參照國外文獻，國內研究同樣驗證了信貸摩擦與融資約束的存在（唐國正和劉力，2005；葉康濤和祝繼高，2009；曾海艦和蘇冬蔚，2010），也發現了代理問題對債務融資的影響及費用黏性的存在（姚立杰等，2010；孫錚和劉浩，2004）。但是，在對影響債務融資的因素進行分析時，如何將宏觀的貨幣政策影響與微觀的主體行為干擾結合起來顯得尤其必要。為瞭解釋貨幣政策的作用機理，理解管理者機會主義的經濟後果（費用黏性）對融資決策的影響，本章試圖在中國貨幣政策變更期間，對費用黏性影響企業債務融資的情況進行考察，研究企業內部的摩擦對外部政策衝擊的干擾。

5.2 代理成本的表現形式及其對信用渠道的干擾

從信貸供給視角分析企業債務融資，Gertler 和 Gilchrist 早期考察了緊縮的貨幣政策如何影響大、小企業的存貨和短期借款

（Gertler & Gilchrist，1993, 1994）。特別是，Leary 近期研究發現，相對於大企業或對銀行依賴較少的企業，小企業或銀行依賴較大的企業，其負債水平隨著正向（負向）的信貸供給衝擊而上升（降低），而且這一變化與長期債務的可得性有關（Leary, 2009）。以上證據表明，企業所處債務市場的供給狀況與其融資決策存在必然聯繫。

　　中國近年來的研究表明，貨幣政策變化確實會引起銀行資產組合調整，在政策傳導中信用渠道發揮了作用（索彥峰和範從來，2007），而且貸款規模作為貨幣政策的仲介目標調控著實體經濟（盛松成和吳培新，2008）；同時，中國的資本市場欠發達，導致貨幣供應和利率手段實施的能力有限（李揚，2008）。基於這一狀況的研究，我們將主要圍繞信用渠道下的銀行貸款渠道和相應的信貸配給理論對中國貨幣政策的影響進行分析。

　　顯然，由於央行貨幣政策的變化，那麼信用渠道下商業銀行資金的稀缺性成為可能；由於信貸配給的存在，那麼債務市場得以細分。因此，銀行資金來源上的變化將改變「融資受約束企業」銀行借款的相對成本和可行性，貨幣政策衝擊前後這些企業的槓桿率和銀行貸款比例應該出現差異。同時，信用渠道下基於企業可抵押價值放貸的資產負債表渠道也將發揮作用。這類供給摩擦（信貸配給和資產負債表渠道）的效果可以通過比較這些企業與融資約束較弱的企業的債務融資而得到識別。所以，約束較弱的、較透明企業的槓桿率可能不會在「銀行資金約束」的變化中受到多大影響；而且，已有證據表明約束較強的企業更容易受到寬鬆政策的影響（Leary, 2009）。基於此及第 4 章的假設，以下圍繞企業內部摩擦（代理成本）的分析將依據這一判斷進行，即「融資約束較大的企業，其負債水平隨著正向的貨幣政策衝擊而上升」。

　　在管理者機會主義行為下，自利動機導致管理者在機會存

在時對相關者利益進行侵蝕。按照Jesen和Meckling的分析（Jensen & Meckling, 1976），如果管理者不是百分之百的享有剩餘索取權，將與外部的股東存在代理衝突。管理者的行為不僅包括對應現金補貼的索取而且涉及額外補貼（perquisites）的獲得。此時，在基於剩餘索取權的「企業現金值—額外補貼」約束線下，部分享有剩餘索取權的管理者在追求額外補貼時將引起代理成本發生，除了剩餘收益的配置格局變化，企業的價值將下降。另外，與債務增加相關的代理成本同樣會引起企業價值的下降，如過度投資問題、監督與約束支出、破產和重組成本。但是，由於管理者無法承擔將自身財富全部投入公司的風險或其資金無法滿足投資機會的需要，導致外部融資難以避免，此時，最佳的選擇在於對兩類成本的權衡。基於成本權衡，外部股權比例增加引起債權代理成本下降，這有助於債務資金供給者對企業價值的評估。在國外，股權結構對企業價值的影響同樣得到經驗證據的支持。早期的研究表明，在管理者所有權比例較低時，隨著持股比例增加管理者與股東的利益會趨於一致，並將提升公司價值；在所有權比例較高時，管理者會實施壕溝防禦（entrenched）行為將引起公司價值下降（Morck et al., 1988; McConnell & Servaes, 1990）。在近期研究中，工作人員採用現金流權比例（cash flow or equity ownership）衡量管理者或控股股東剝削小股東的動機，發現控股股東現金流權越大公司價值越高（LLSV, 2002）。以上分析和相關證據表明，基於管理者的機會主義，既定所有權結構下的代理問題將引起債權人或中小股東（外部人）對企業估值的下降。

　　將上述分析對應於具體的業務經營，考慮當商業週期處於蕭條階段時企業被迫進行業務收縮的情況。部門的合併或收縮會導致管理者地位的削弱，特別是額外補貼的減少；對於員工的裁減特別是工作中已建立穩定關係的熟人，將引起管理中的

摩擦；加之其他的調整成本，如對離職員工的額外補貼、新募員工的學習與培訓支出等，這些都會導致管理者對「無效率」資源的持續保留以維持自身地位的穩定性。因此，在業務收縮時與管理者利益攸關的費用往往不能得到有效地削減，除非針對管理者及相關股東的制衡機制能夠有效發揮作用。於是，將出現伴隨不同治理狀況的費用滯後調整現象，即費用黏性。

綜合以上分析，在整體經濟下行期，企業經營收縮，管理者（或控股股東）的自利動機引起特定所有權結構下的代理問題，費用黏性和與其相伴的價值評價將影響企業的銀行債務融資。結合已有經驗證據和第4章的假設（寬鬆的貨幣政策通過銀行貸款渠道和資產負債表渠道對企業產生影響），費用黏性不同的企業，將面臨銀行的區別對待和基於不同抵押價值的區別放款。

假設5.1a：在貨幣政策寬鬆時期，費用黏性越大，銀行債務融資越少。

假設5.1b：費用黏性將降低基於融資約束的信用渠道的作用。

基於契約理論，企業經營業務中費用的發生按照交易方之間的合同進行。當出現業務收縮時，由於合同調整成本和調整時滯造成費用的縮減程度小於業務收縮的程度。企業中長期契約的簽訂將使企業缺乏足夠的向下的彈性，這一狀況在資本密集情況下更容易出現。在經濟繁榮的情況下，企業可能大舉擴展，從而造成折舊費等不斷提高的現象，但是在經濟不景氣時，這樣的費用卻並不容易消減下來，從而形成費用黏性。因此，根據已有經驗證據、第4章的假設和假設5.1，形成假設5.2。

假設5.2：不同資本密集程度下，費用黏性對信貸供給的影響將存在差異。

5.3 線性模型設定和基於「費用黏性」的經驗考察

5.3.1 變量選擇與模型設定

對於費用黏性（代理成本的表現形式）的考察將基於以下模型：

$$\ln|Expense_{i,t}/Expense_{i,t-1}| = \beta_0 + \beta_1 \cdot \ln|Revenue_{i,t}/Revenue_{i,t-1}|$$
$$+ \beta_2 \cdot D_{i,t} \cdot \ln|Revenue_{i,t}/Revenue_{i,t-1}| + \varepsilon_{i,t} \quad (5.1)$$

在模型（5.1）中，$Expense_{i,t}$代表第i家公司在第t期支出的費用，$Revenue_{i,t}$代表第i家公司在第t期獲得的銷售收入，$D_{i,t}$是啞變量——當t期銷售收入低於t−1期銷售收入時取1，當t期銷售收入高於t−1期銷售收入時取0。在模型（5.1）中，因變量表達了費用從t−1期到t期的變化率，自變量表達了銷售收入從t−1期到t期的變化率，由於啞變量在銷售收入增加的時候取0，從而β_1度量了費用對銷售收入增加的變化；由於啞變量在銷售收入減少時取1，此時系數之和$\beta_1+\beta_2$度量了費用對銷售收入減少的變化。基於上文費用黏性的概念，我們關注β_2是否會小於0，即銷售收入減少時費用下調的程度較弱。

研究中假設5.2的檢驗將基於以下基本模型：

$$Lev_{i,t} = \alpha + \beta_1 \cdot Loose + \beta_2 \cdot Loose \cdot Access_{i,t} + \beta_3 \cdot Loose \cdot$$
$$Stickiness_{i,t} + \beta_4 \cdot Loose \cdot Access_{i,t} \cdot Stickiness_{i,t} + X' \cdot \beta_5 + \varepsilon_{i,t}$$
$$(5.2)$$

根據上文的基本假設「融資約束較大的企業，其負債水平隨著正向的貨幣政策衝擊而上升」，在不考慮價格黏性時，信用渠道的效應應該得到驗證，我們預測β_1為正、β_2為負，即信貸

供給增加會引起企業債務水平上升、融資約束較大的企業（小企業）會增加更多的債務。考慮到經濟下行時期費用黏性對信貸供給的影響，根據假設 5.1a，我們預測為 β_3 負，即在政策寬鬆時費用黏性越大銀行債務融資越少。同時根據假設 5.1b，我們預測 β_4 為正，即融資約束較大的企業（小企業）在政策寬鬆時銀行債務融資越多，但在費用黏性越大時這一關係減弱，β_4 會反向調整 β_2。根據前文文獻回顧和理論分析，採用貨幣供應量、利率水平對貨幣渠道的作用進行控制，將其添加到控制項 X' 中；非債務稅盾、盈利能力、成長性等涉及的治理特徵和財務特徵並未包含於費用黏性中，同樣添加到 X' 項中。此外，考慮到信用渠道下資產負債表渠道的作用，在 X' 項中對費用黏性之外的可抵押價值進行控制。對於假設 5.2 的檢驗，本部分將基於資本密集度和勞動力密集度對樣本進行分組，按照組別進行迴歸比較分析。

　　研究中主要變量的具體定義和國內外參照，如表 5.1 所示。其中，選擇長期借款比例作為被解釋變量的原因是：對於短期借款，銀行主要關心企業的短期償債能力，未來的不確定性相對較少；而對於長期借款，銀行面臨的不確定性較大。銀行必須掌握充分的信息來進行信貸決策，以保證企業未來有充分的現金流償還到期借款（陸正飛等，2008）。顯然，在考察公司治理結構所引起的費用黏性問題時，以銀行長期借款為研究對象比較合適。

　　政策寬鬆時期的確定源於對 1999—2009 年這一經濟週期的關注。在此次週期性調整中，經濟上升期持續 8 年衰退期為 2 年。金融專家認為這是計劃體制向市場體制轉化的必然結果（劉樹成等，2009）。同時，存款準備金率、基準利率、貨幣供應量、信貸額等的統計分析表明央行在 2008 年第四季度之後實施了適度寬鬆的貨幣政策，而之前為緊縮的貨幣政策。因此，本部分針對 2007 年經濟的上行期和 2008—2009 年經濟的下行期進行觀

測，考察反週期操作的貨幣政策下費用黏性對債務融資的影響。

融資受約束程度的代理變量選取依據近期評論性的研究。Hadlock 和 Pierce 採用定性信息對樣本的財務約束程度進行分類，研究發現在 KZ 指數和 WW 指數的計算中存在機械相關、變量遺漏等問題，而企業規模和持續期可以作為預測財務約束水平的有效變量（Hadlock & Pierce，2010）。同時，兩個主要的經驗研究發現，投資現金流敏感性並非財務約束計量的有效工具，其取值並不隨財務約束水平的上升而增大（Kaplan & Zingales，1997；Hadlock & Pierce，2010）。因此，我們將企業規模作為債務融資約束程度的代理變量。

表 5.1　　　　　　　　　　主要變量定義

變量名稱	變量定義
被解釋變量	
財務槓桿（*Lev*）	負債總額/總資產
長期借款比例（*Lloan*）	長期借款/總資產
解釋變量	
政策寬鬆時期（*Loose*）	如果為 2008 年第四季度和 2009 年度的樣本觀測，取 1；其他取 0
融資受約束程度（*Access*）	企業規模（*Size*）：企業總資產的自然對數值
費用黏性（*Stickiness*）	本期與上期比較，收入增長時費用增長率大於收入增長率，收入減少時費用減少率小於收入減少率，取 1；其他取 0。其中，費用＝營業費用+管理費用；收入≡銷售收入
控制變量	
貨幣供應量（M_1）	各個季度相對於上一個季度的增長率
利率水平（*Nrr*）	期末仍在實施的無風險利率
經濟的增長（*GDP*）	真實 *GDP* 的增長率
金融市場發達程度（*Marketization*）	企業所在省的金融業市場化指數

表5.1(續)

變量名稱	變量定義
股市表現（STOCKM）	所在交易所綜合指數的增長率，採用上證綜合指數和深圳綜合指數計算
成長性（PB）	所有者權益市場價值與所有者權益帳面價值的比率
盈利能力（Profitability）	營業利潤與銷售收入的比率
非債務稅盾（NDTS）	除利息支出之外的其他可在稅前扣除的費用，為累計折舊加上待攤費用、遞延資產及開辦費後除以資產帳面價值
可抵押價值（Tangibility）	固定資產帳面淨值與資產帳面價值的比率

註：部分宏觀控制變量的定義，經濟的增長、利率水平、股市表現參照蘇冬蔚等（2009），貨幣供應量、金融市場發達程度參考索彥峰、範從來（2007）、Leary（2009）。有關企業特徵的控制變量的定義，成長性參照葉康濤等（2009），盈利能力、非債務稅盾、可抵押價值參照餘明桂、蘇冬蔚等（2006，2009）。

5.3.2 實證結果

（1）描述性統計

本章以深圳和上海證券交易所 A 股上市公司作為研究對象。基於上文變量設計，與股市表現相關的數據來自 SISMAR 數據庫，企業財務數據來自 WIND 數據庫，宏觀金融數據來自中國人民銀行網站，金融業的市場化數據來自樊綱等編著的《中國市場化指數：各地區市場化相對進程 2009 年度報告》，其他宏觀信息來自對應年度的中國統計年鑒。在數據整理中，因為管制不同，剔除金融企業；為了進行趨勢比較，在針對模型（5.2）的研究中刪除 2006 年 12 月 31 日之後上市公司的樣本；同時刪除數據缺失的觀測。此外，採用 winsorization 方法對離群值進行處理，所有小於 1% 分位數（大於 99% 分位數）的變量，

令其值分別等於1%分位數（99%分位數）。

按照以上步驟，我們得到2007年第一季度至2009年度第四季度上市公司樣本分別為64、99、82、136、76、112、82、133、67、102、77、142家，共計1,172個觀測值。如表5.2所示，樣本槓桿的平均水平在0.53，債務融資是企業主要的資金來源。費用黏性數據顯示企業普遍存在一定程度的費用非對稱調整。與信貸規模相比較，貨幣供應量和利率水平的標準差較小，表明信貸規模變化幅度在考察期內較大，因此信用渠道可能更有助於貨幣政策效應的發揮。

表5.2　　　　　主要變量的描述性統計分析

Variable	Obs	Meian	Mean	Std. Dev.	Min	Max
Lev	1,172	0.549,0	0.525,0	0.168,0	0.094,0	0.896,0
Lloan	1,172	0.044,0	0.083,0	0.116,0	0.000,0	0.666,0
Totalloan	1,172	11.088,0	10.811,0	1.318,0	8.963,0	12.866,0
Stickiness	1,172	1.000,0	0.519,0	0.499,0	0.000,0	1.000,0
M_1	1,172	0.055,0	0.036,0	0.019,0	0.009,0	0.066,0
Nrr	1,172	3.060,0	3.413,0	0.705,0	2.250,0	4.140,0

註：信貸規模（Totalloan）為信貸政策寬鬆狀況的另一個代理變量，取值為各季度銀行人民幣信貸量，採用當期GDP進行調整。

按照規模中位數分組，對資本結構指標的季度均值比較，見表5.3。各個季度的財務槓桿大企業均大於小企業，長期借款占比情況同樣如此；而且針對長期借款的比較中小企業遠小於大企業，在2008年第四季度之前相差近兩倍多。這一狀況表明信貸市場可能存在著信貸配給，融資約束不同的企業遭受不同的銀行資金貸放，也佐證了形成第4章結論的制度背景是存在的。但是，2008年第四季度之後的數據顯示，小企業的財務槓桿並不比大企業有更多的增加，尤其是2008年第四季度的環比

額反而減少。這與基本假設不同，也與國內同類研究的結論相反（曾海艦等，2010），但與第4章的結論相符。這表明在經濟蕭條時期，要麼信用渠道不暢，要麼信貸市場存在嚴重的配給情況，寬鬆的貨幣政策並未帶給小企業更多的資金。

表5.3　　資本結構均值季度分類比較：基於規模

年、季度	*Lev* 大企業	*Lev* 小企業	*Lloan* 大企業	*Lloan* 小企業
2007.1	0.602,0	0.473,0	0.107,0	0.060,0
2007.2	0.580,0	0.477,0	0.118,0	0.048,0
2007.3	0.568,0	0.489,0	0.112,0	0.042,0
2007.4	0.562,0	0.504,0	0.108,0	0.067,0
2008.1	0.597,0	0.471,0	0.130,0	0.043,0
2008.2	0.593,0	0.463,0	0.132,0	0.048,0
2008.3	0.573,0	0.494,0	0.137,0	0.043,0
2008.4	0.577,0	0.493,0	0.115,0	0.064,0
2009.1	0.598,0	0.495,0	0.113,0	0.083,0
2009.2	0.590,0	0.509,0	0.115,0	0.070,0
2009.3	0.597,0	0.502,0	0.110,0	0.062,0
2009.4	0.593,0	0.472,0	0.134,0	0.050,0

註：按照樣本季度資產中位數對樣本分組

表5.4是主要變量的相關係數及對應的標準差，數據表明槓桿率（*Lev*）與信貸增長（*Totalloan*）正相關，與費用黏性（*Stickiness*）負相關，這與假設的判斷一致。控制變量中，成長性（*PB*）、盈利能力（*Profitability*）、非債務稅盾（*NDTS*）均與理論預期一致。除了利率水平（*Nrr*）、貨幣供應量（M_1）、信貸供給變化（*Totalloan*）之間存在較大的相關性外（貨幣政策仲介指標的高度相關說明這些變量經濟含義的一致性），其他變量間的相關性較小，表明下文的推斷分析中不存在嚴重的多重共線性。

表 5.4　主要變量的 Pearson 相關係數

	Lev	Totalloan	Stickiness	GDP	M_1	Nrr	Marketization	STOCKM	Size	PB	Profitability	NDTS	Tang
Lev	1.000,0												
Totalloan	0.024,0 (0.404,0)	1.000,0											
Stickiness	-0.002,0 (0.995,0)	-0.028,0 (0.337,0)	1.000,0										
GDP	-0.013,0 (0.667,0)	0.228,0 (0.000,0)	0.036,0 (0.219,0)	1.000,0									
M_1	0.026,0 (0.381,0)	0.599,0 (0.000,0)	-0.024,0 (0.406,0)	0.203,0 (0.000,0)	1.000,0								
Nrr	-0.027,0 (0.354,0)	-0.686,0 (0.000,0)	0.004,0 (0.893,0)	-0.099,0 (0.001,0)	-0.618,0 (0.000,0)	1.000,0							
Marketization	0.015,0 (0.618,0)	0.023,0 (0.433,0)	0.017,0 (0.551,0)	-0.066,0 (0.024,0)	0.065,0 (0.026,0)	-0.041,0 (0.162,0)	1.000,0						
STOCKM	0.010,0 (0.742,0)	0.056,0 (0.055,0)	0.018,0 (0.540,0)	-0.231,0 (0.000,0)	0.545,0 (0.000,0)	-0.553,0 (0.000,0)	0.070,0 (0.016,0)	1.000,0					
Size	0.318,0 (0.000,0)	0.098,0 (0.001,0)	-0.030,0 (0.302,0)	0.011,0 (0.697,0)	0.025,0 (0.386,0)	-0.046,0 (0.117,0)	0.099,0 (0.001,0)	-0.033,0 (0.255,0)	1.000,0				
PB	0.272,0 (0.000,0)	-0.047,0 (0.105,0)	0.084,0 (0.004,0)	-0.031,0 (0.283,0)	0.093,0 (0.002,0)	-0.041,0 (0.143,0)	-0.096,0 (0.001,0)	0.152,0 (0.000,0)	-0.311,0 (0.000,0)	1.000,0			
Profitability	-0.214,0 (0.000,0)	0.041,0 (0.162,0)	-0.029,0 (0.321,0)	0.031,0 (0.293,0)	0.101,0 (0.000,0)	-0.005,0 (0.877,0)	0.112,0 (0.000,0)	0.060,0 (0.000,0)	0.136,0 (0.000,0)	-0.103,0 (0.000,0)	1.000,0		
NDTS	-0.112,0 (0.000,0)	0.056,0 (0.056,0)	0.026,0 (0.371,0)	0.264,0 (0.000,0)	0.060,0 (0.039,0)	-0.092,0 (0.002,0)	0.011,0 (0.709,0)	-0.001,0 (0.964,0)	-0.060,0 (0.040,0)	-0.074,0 (0.011,0)	0.057,0 (0.052,0)	1.000,0	
Tang	-0.094,0 (0.001,0)	-0.085,0 (0.003,0)	-0.020,0 (0.490,0)	0.011,0 (0.701,0)	-0.030,0 (0.306,0)	0.036,0 (0.223,0)	-0.098,0 (0.001,0)	0.037,0 (0.211,0)	0.040,0 (0.168,0)	-0.186,0 (0.000,0)	-0.001,0 (0.969,0)	0.049,0 (0.093,0)	1.000,0

(2) 推斷分析

對模型（5.1）進行迴歸，結果見表5.5。$D_{i,t} \cdot Ln(Revenue_{i,t}/Revenue_{i,t-1})$ 的系數為正，表明在收入減少時費用的下調幅度更大，這與基於模型（5.1）的費用黏性預測不符。同時，借鑑 Anderson 等關於資本密集度和勞動力密集度的定義（資本密集度：總資產/銷售收入。勞動力密集度：雇員人數/銷售收入）（Anderson et al., 2003），按照資本密集度（勞動力密集度）分組迴歸，對於資本密集度（勞動力密集度）小於其觀測中位數的子樣本，交叉項系數均為正（除2007—2009年度資本密集度小於觀測中位數的子樣本不顯著外，其餘樣本迴歸均顯著），表明費用的快速調整並非由企業的契約特徵引起。以上結論同樣與中國早期的研究不一致。孫錚等採用1994—2001年的數據進行分析，發現中國上市公司普遍存在費用黏性，中國上市公司下調費用的速度較慢（孫錚和劉浩，2004）。本部分與此相反的證據說明，近年來中國企業管理層代理成本可能有所下降。但是，在2007—2009年度這一觀察窗口下與預測符號相反的 β_2 並不顯著，表明我們無法在較大的概率水平下認定管理者會及時調整費用的發生，即管理者的機會主義在經濟波動的背景下可能仍然存在。

表5.5　　　　　　收入變化對費用變化的影響

	2003—2009 年度	2007—2009 年度
截距項	5,452.092 (4,908.213)	580,723.400,0 (5,218.561)
$\beta_1 \equiv Ln(Revenue_{i,t}/Revenue_{i,t-1})$	0.063,0*** (0.002,0)	0.113,0*** (0.005,0)
$\beta_2 \equiv D_{i,t} \cdot Ln(Revenue_{i,t}/Revenue_{i,t-1})$	0.011,0*** (0.003,0)	0.007,0 (0.006,0)

表5.5(續)

	2003—2009年度	2007—2009年度
調整 R^2	0.540,0	0.619,0
F 值	1,163.010,0***	952.580,0***
N	1,984	1,172

註：2003—2009年度樣本選取時，剔除了2002年12月31日之後上市公司的樣本，被解釋變量為 $\text{Ln}(\text{Fee}_{i,t}/\text{Fee}_{i,t-1})$，「*」「**」「***」分別表示在10%、5%、1%的水平下顯著。由於篇幅所限，分組迴歸結果未列示。但是，對於資本密集度（勞動力密集度）大於其觀測中位數的子樣本，交叉項迴歸係數均為負，表明近年來費用黏性的存在源於契約調整的成本，而非機會主義。

表5.6是採用2007—2009年度所有樣本針對模型（5.2）進行OLS迴歸的結果，其中第（1）列是不考慮控制變量和費用黏性的結果。我們發現寬鬆貨幣政策的衝擊、與融資約束的交叉項均在1%的水平下顯著，系數符號與第4章的證據一致。此證據同樣與Leary、曾海艦等的不一致。部分原因可能是，前者為美國自由市場下與存款許可政策相關的樣本，後者為1998年中國金融市場化初期的樣本。顯然，政策寬鬆，金融體系資金充沛。然而資金並未流向融資約束較大的企業，這可能是經濟下行時銀行信貸配給加重的後果。

表5.6　費用黏性對債務融資的影響

	被解釋變量：*Lev*			被解釋變量：*Lloan*		
	(1)	(2)	(3)	(1)	(2)	(3)
截距項	0.532,0***	0.532,0***	0.212,0*	0.086,0***	0.086,0***	−0.003,0
	(0.007,0)	(0.007,0)	(0.117,0)	(0.004,0)	(0.004,0)	(0.075,0)
Loose	−1.014,0***	−1.036,0***	−1.215,0***	−0.715,0***	−0.683,0***	−0.386,0**
	(0.136,0)	(0.196,0)	(0.178,0)	(0.092,0)	(0.133,0)	(0.114,0)
Loose · Access	0.047,0***	0.048,0***	0.057,0***	0.033,0***	0.032,0***	0.018,0**
	(0.006,0)	(0.009,0)	(0.008,0)	(0.004,0)	(0.006,0)	(0.005,0)

表5.6(續)

	被解釋變量: Lev			被解釋變量: Lloan		
	(1)	(2)	(3)	(1)	(2)	(3)
Loose·Stickiness		0.038,0 (0.272,0)	−0.200,0 (0.240,0)		−0.062,0 (0.184,0)	−0.249,0* (0.154,0)
Loose·Access·Stickiness		−0.002,0 (0.013,0)	0.009,0 (0.011,0)		0.003,0 (0.009,0)	0.012,0* (0.007,0)
GDP			0.010,0 (0.026,0)			0.012,0 (0.017,0)
M_1			0.113,0 (0.257,0)			0.099,0 (0.091,0)
Nrr			0.003,0 (0.024,0)			0.001,0 (0.015,0)
Marketization			0.007,0* (0.003,0)			−0.001,0 (0.002,0)
STOCKM			−0.027,0 (0.040,0)			−0.003,0 (0.026,0)
PB			0.014,0*** (0.001,0)			−0.001,0 (0.001,0)
Profitability			−0.001,0*** (0.000,0)			−0.002,0* (0.000,0)
NDTS			−0.092,0** (0.035,0)			−0.084,0*** (0.023,0)
Tangibility			−0.023,0 (0.030,0)			0.175,0*** (0.019,0)
Industry			control			control
調整 R^2	0.036,0	0.044,0	0.279,0	0.039,0	0.048,0	0.281,0
F 值	29.100,0***	14.550,0***	19.850,0***	31.290,0***	15.650,0***	27.520,0***
N	1,172	1,172	1,172	1,172	1,172	1,172

註：截距項和各變量對應的欄內數據為參數估計值，「*」「**」「***」分別表示參數檢驗在10%、5%、1%的水平下顯著。

　　第（2）列是添加費用黏性交叉項的結果，當被解釋變量為Lloan時，系數符號與假設5.1a、假設5.1b的預期一致，即Loose·Stickiness 的系數為負，Loose·Access·Stickiness 的系數為正。顯然，在貨幣政策寬鬆時期，費用黏性越大，銀行債務

融資越少；同時費用黏性將降低基於融資約束的信用渠道的作用（由於理論預期 Loose・Access 的系數為負）。第（3）列是考慮控制變量的迴歸結果。我們發現貨幣政策、融資約束、費用黏性與債務融資的關係與假設 5.2 一致，而且模型的擬合程度顯著提高。特別是，貨幣政策、費用黏性更好地解釋了長期債務融資，此結論在 Lev 為被解釋變量時並不穩定，且在控制融資需求等變量時系數也不顯著，表明企業的總負債與長期負債選擇對於企業有著不同的融資意義。顯然，對於長期借款，銀行面臨的不確定性較大，必須掌握充分的信息來進行信貸決策，以保證企業未來有充分的現金流償還到期借款。這與陸正飛、祝繼高和孫便霞關於企業信息狀況與債務融資選擇的判斷一致。

針對假設 5.2，按照資本密集度和勞動力密集度大於（或小於等於）中位數進行樣本分類，迴歸結果如表 5.7 所示。我們發現在大於均值的子樣本迴歸中，貨幣政策衝擊下費用黏性（Loose・Stickiness 的系數）、費用黏性與融資約束的交叉項（Loose・Access・Stickiness 的系數）同企業債務融資並不顯著相關；而在小於均值的子樣本迴歸中，費用黏性相關項的系數方向同表 5.6 中的第（3）列一致，且在小於 10% 的水平下顯著。此結果表明，資本密集和勞動密集所伴隨的契約調整成本並非是引起銀行信貸趨緊的原因，管理者機會主義下的費用黏性則是影響貨幣政策傳導不暢的主要因素之一。

表 5.7　費用黏性對債務融資影響的分組迴歸結果

	資本密集度		勞動密集度	
	小於中位數	大於中位數	小於中位數	大於中位數
截距項	−0.075,0 (0.101,0)	−0.023,0 (0.109,0)	0.103,0 (0.095,0)	0.050,0 (0.100,0)
Loose	−0.596,0** (0.187,0)	−0.484,0** (0.175,0)	−0.212,0 (0.161,0)	−0.506,0** (0.169,0)

表5.7(續)

	資本密集度		勞動密集度	
	小於中位數	大於中位數	小於中位數	大於中位數
Loose・Access	0.029,0**	0.022,0**	0.010,0	0.023,0**
	(0.009,0)	(0.008,0)	(0.007,0)	(0.008,0)
Loose・Stickiness	-0.429,0*	-0.131,0	-0.454*	-0.103
	(0.246,0)	(0.248,0)	(0.214)	(0.225)
Loose・Access・Stickiness	0.020,0*	0.006,0	0.021,0*	0.006,0
	(0.012,0)	(0.011,0)	(0.010,0)	(0.010,0)
GDP	0.010,0	0.012,0	0.029,0	0.000,0
	(0.019,0)	(0.027,0)	(0.024,0)	(0.024,0)
M_1	0.010,0	0.218,0	-0.169,0	0.240,0
	(0.183,0)	(0.260,0)	(0.232,0)	(0.233,0)
Nrr	-0.005,0	0.019,0	0.001,0	-0.001,0
	(0.017,0)	(0.023,0)	(0.022,0)	(0.021,0)
Marketization	-0.002,0	0.000,0	0.001,0	-0.001,0
	(0.002,0)	(0.004,0)	(0.003,0)	(0.002,0)
STOCKM	-0.012,0	0.010,0	0.011,0	-0.013,0
	(0.029,0)	(0.040,0)	(0.037,0)	(0.036,0)
PB	0.002,0*	-0.003,0*	0.001,0	-0.002,0*
	(0.001,0)	(0.001,0)	(0.001,0)	(0.001,0)
Profitability	-0.000,0*	-0.001,0***	-0.002,0*	-0.000,0
	(0.000,0)	(0.000,0)	(0.000,0)	(0.000,0)
NDTS	-0.045,0*	-0.093,0**	-0.070,0*	-0.092,0**
	(0.026,0)	(0.036,0)	(0.031,0)	(0.033,0)
Tangibility	0.122,0***	0.278,0***	0.221,0***	0.158,0***
	(0.021,0)	(0.031,0)	(0.029,0)	(0.028,0)
Industry	control	control	control	control
調整 R^2	0.235,0	0.426,0	0.393,0	0.340,0
F 值	8.500,0***	19.890,0***	16.730,0***	14.120,0***
N	586	586	585	587

註：被解釋變量為Lloan。截距項和各變量對應的欄內數據為參數估計值，「*」「**」「***」分別表示參數檢驗在10%、5%、1%的水平下顯著。

（3）穩健性檢驗

本章通過以下工作進行穩健性測試：①由於中國貨幣政策的效應主要通過信用渠道傳導，我們採用「信貸規模」替代貨幣政策變量。②由於費用黏性對融資的影響源於公司內部治理狀況的差異，我們按照公司治理關鍵指標分組進行迴歸測試。本章費用黏性的相關研究注重「管理者—大股東與中小股東」治理狀況下的管理者自利動機的影響，所以按照「大股東持股比例」進行分組分析費用黏性與銀行債務融資水平的關係，將有助於考察兩者關係的真正原因。考慮到關係股東的存在所引起的虛假制衡現象（魏明海等，2011），具體分組時，不採用控股股東持股比例作為制衡大股東的變量，而直接採用第一大股東的持股比例。而且已有證據表明，分散的股權結構會帶來企業被收購的可能，相應的風險會導致企業債權人的價值下降，導致債務融資成本的上升（Gompers et al., 2003；Chava et al., 2009）。我們針對股權集中度的考察，也會減少這一方面的因素干擾。③基於產權和外部治理環境的經濟分析表明，政府的干預往往會導致銀行信貸供給的變化。本章採用股東股權性質（按是否含有國有股進行劃分）進行分組測試。在中國早期存在一個概念——「釣魚工程」。由於預算軟約束，有些企業會出現執意投資，通過財務困境以得到銀行的資金。與這一現象相關，圍繞公有產權這一制度背景，孫錚等將政府干預企業長期債務融資概括為兩個方面：①政府通過財政補貼提升企業預防債務風險的能力；②政府通過影響銀行的信貸決策直接干預企業融資（孫錚等，2005）。我們針對產權性質的分組測試將控制這類因素對上文結論的可能影響。通過①的處理，主要變量與長期債務水平的相關程度和顯著性水平與推斷分析部分的結果一致。在②③兩種穩健性測試中，以長期債務水平作為被解釋變量，第一大股東持股比例、股權性質存在的差異的兩個子樣本，費

用黏性對應系數的顯著性水平不同，在持股比例較低或非國有股權的樣本中迴歸系數方向與表5.4中的一致。

5.4　本章小結

本章將費用黏性視作管理者機會主義行為的經濟後果，考察了貨幣政策變更時內部代理問題對信用渠道的影響。證據顯示：近年來企業管理層代理成本有所下降，機會主義引致的費用黏性有所降低。但是，在經濟下行期間當貨幣政策寬鬆時，黏性較大公司的銀行債務融資（特別是長期債務融資）受到限制，而且融資約束較強公司的費用黏性會強化約束程度，降低信用渠道的作用。同時，發現在金融危機背景下貨幣政策的寬鬆並未帶來小規模企業債務融資、特別是長期債務融資的增加，中國企業的債務融資現狀與已有研究和理論預測不符，這表明借用信用渠道解釋中國中小企業融資決策時還需結合體制背景做進一步的假定。

本章進一步按照治理結構差異分組迴歸，驗證了結論的穩健性。理論分析表明，由於監督人和控制人的能力差異，第一大持股比例較低或私人控股時，費用黏性較大的企業債務融資較少；穩健測試顯示，在第一大持股比例較低或私人控股樣本下，費用黏性對應的迴歸系數與理論預期一致。該結果表明，費用黏性可以有效地作為公司內部治理狀況的代理變量。當然，與費用黏性相關的研究結論，不僅有助於解釋信貸供給衝擊下的企業融資現象，而且對於變動成本估計、預算制定、財務分析及審計實施具有重要的啟示。

6 貨幣渠道下的融資決策：
股票市場對信貸市場的替代

　　貨幣政策的效應會通過「信用渠道」和「貨幣渠道」傳導至企業的金融活動。「信用渠道」在中國貨幣政策傳導中發揮著主導作用（索彥峰、範從來，2007；楊子暉，2008），貨幣政策通過信用渠道影響著企業的融資決策。但是，企業融資領域的研究更多地關注中國特殊的信貸政策的效用（葉康濤、祝繼高，2009；曾海艦、蘇冬蔚，2010）。同時，「貨幣渠道」在貨幣政策與企業融資的關係中發揮著重要的作用。雖然中國的金融市場以銀行體系為主，股票市場發展相對滯後，但是持續的金融深化使得貨幣渠道的作用不容忽視。蔣科（2009）通過分析1998—2008年的數據，發現中國的貨幣政策能夠同時通過貨幣渠道和信用渠道影響通貨膨脹，且通過貨幣渠道影響經濟增長率。同時，易綱和王召（2002），王虎、王宇偉和範從來（2008），周暉（2010）等分析和論證了金融資產價格對於通貨膨脹與經濟增長的作用方式。此前，唐國正和劉力（2005）研究發現，利率扭曲影響債務價值，優質上市企業股權融資相對於債務融資在特定時期具有顯著的成本優勢。以上研究同樣表明，貨幣渠道下基於利率和貨幣供給的政策傳導機制在中國同樣具有特殊的地位。因此，在圍繞企業融資考察貨幣政策效應

時，關注貨幣渠道的具體作用方式同樣十分重要。

延續「新凱恩斯主義」傳統，我們注重對政策實施中的市場摩擦進行考察，基於前文對信用渠道的考察，本章研究貨幣渠道對企業在證券市場上「擇機」融資的影響及其對信用渠道的替代。以凱恩斯主義與貨幣主義的貨幣理論和政策框架（IS-LM）為基礎，結合資本結構文獻中「市場擇機」行為研究（Lucas & McDonald, 1990; Choe et al., 1993; Baker & Wurgler, 2002；才靜涵和劉紅忠，2006），分析貨幣政策對企業權益融資的影響方式，考察貨幣政策變更時企業在證券市場替代性融資的可能性。研究具體採用「仲介效應」檢驗方法，通過構建線性方程，進行統計推斷，分析貨幣政策變更時財務槓桿和各類權益融資的變動情況，以及市值變動（資產市淨率水平）的仲介效應，論證貨幣渠道對信用渠道替代的可能性。研究發現，貨幣供給量變動或利率變動（貨幣渠道下的政策代理變量）會對企業融資產生顯著的影響，但是並不直接體現於企業的銀行債務融資，而表現為證券市場的權益融資。

結合解釋資本結構選擇的市場擇機理論，考察貨幣政策傳導中貨幣渠道對信用渠道的替代，既有助於資本結構的解釋，又有助於政策的有效實施。主流的融資決策理論基於嚴格的假定解釋企業資本結構狀況，導致理論預測與現實經驗不符（姜國華等，2011）。本章研究將為公司融資實踐提供重要的指導。考察貨幣政策對企業融資決策的影響，特別是信用渠道的干擾因素（貨幣渠道替代）的影響，將有助於各類企業（規模、所有權等不同的企業）融資決策的實踐。此外，研究對於貨幣政策實施和金融監管具有現實價值。關注貨幣政策傳導機制，研究將理清證券市場替代信貸市場對貨幣政策效應干擾的現實狀況，有助於解決中國金融改革中貨幣政策與金融監督方面的許多重大問題。

6.1 市場時機與企業權益融資

在資本結構研究領域，宏觀因素影響企業融資決策的理論研究可分為三類。①分析權益市場價值波動的企業「市場擇機」行為研究（Lucas & McDonald，1990；Choe et al.，1993；Korajczyk & Levy，2003）。②融資約束假設下的企業抵押物價值分析及順週期槓桿水平的權衡模型研究（Kiyotaki & Moore，1997）。③圍繞融資優序理論對企業順週期債務發行的分析和驗證（Korajczyk & Levy，2003；蘇冬蔚、曾海艦，2009）。這些文獻將宏觀因素視為企業融資決策中穩定的外在條件，理論分析嚴格依賴於企業融資決策的微觀理論。

在權益融資研究領域缺乏對貨幣政策的考察。如上所述，國外研究者更多地依賴於企業融資決策的微觀理論，進行權益市場價值波動與企業的「市場擇機」行為考察（Lucas & McDonald，1990；Choe et al.，1993；Korajczyk & Levy，2003）。而國內的研究分為兩類：①檢驗這種關係是否在中國的存在。例如，才靜涵和劉紅忠（2006）借鑑 Baker 和 Wurgler（2002）的研究，發現中國企業淨權益融資會受到「市場擇機」行為的累積影響，但兩者的同期關聯性較差。雖然蘇冬蔚和曾海艦（2009）的研究將這一關係的分析擴展到商業週期背景之下，但是缺乏對具體機制的考察。②結合中國證券市場變革的背景考察企業的權益融資。例如，王正位、趙冬青和朱武祥（2007）、王正位（2009）在研究中分析和論證了國家政策導向與企業股票融資的關聯，正如早期中國學者對企業權益融資與債務融資偏好的論爭。這類研究更多地關注產權理論解釋下的制度約束差異對企

業權益融資決策的影響，缺乏對經濟因子的具體考察。

　　上述文獻揭示市場時機與企業權益融資有著必然的關聯，但鮮見結合貨幣政策機制的綜合考察。基於前文貨幣政策傳導機制下的企業債務融資研究（第4章研究表明，經濟下行期貨幣政策寬鬆時信用渠道不暢，而貨幣渠道的解釋符合相關證據）。我們有必要考慮以下兩個問題：①如果中國的貨幣政策、特別是特定的信貸政策對不同類公司的債務融資給予區別對待，那麼債務融資受約束的企業是否會通過其他的貨幣政策傳導渠道（貨幣渠道）替代信貸政策傳導的信用渠道；②既然國內的經驗證據已經表明股票價格與企業淨權益相關，且宏觀金融領域的研究發現貨幣政策通過貨幣渠道影響著經濟增長（蔣科，2009），那麼貨幣政策通過貨幣渠道影響企業的融資決策或權益融資決策是否存在。

6.2　貨幣渠道下股票市場對信貸市場的替代

　　從貨幣政策角度看，與企業融資決策直接相關的是利率調整和信貸供給，涉及貨幣政策的傳導機制。早期的「凱恩斯學派」和「貨幣主義」將分析建立在「完全信息」之上，僅通過利率和貨幣量來考察投資的擴張，其（貨幣渠道）對政策短期內的效果缺乏解釋能力。然而，「新凱恩斯主義」在信用渠道下對信貸配給和企業資金約束的具體分析，使得貨幣政策的短期影響得到合理的解釋和預測（Stiglitz & Weiss, 1981; Bernanke & Blinder, 1988; Gertler & Gilchrist, 1993, 1994）。

　　近年來，關於貨幣政策影響企業融資決策的國內研究同樣

圍繞信用渠道展開①，陸正飛等採用「銀行家信心指數」代理緊縮政策，重點考察緊縮期（2004年度）信貸資金的配置，經驗證據表明民營企業受到信貸歧視，成長性較高反而獲取的信貸資金較少（陸正飛、祝繼高、樊錚，2009；葉康濤、祝繼高，2009）。在曾海艦和蘇冬蔚（2010）的研究中，作者採用雙重差分估計法考察1998年信貸擴張與2004年信貸緊縮的影響，發現1998年信貸擴張後，規模小、民營化程度高及擔保能力弱的公司獲得了較多的銀行資金；而2004年信貸緊縮後，三類（規模小、民營化程度高及擔保能力弱）公司的有息負債率顯著下降，同時公司應付款項顯著增加。證據顯示，特定的貨幣政策在中國會通過「信用渠道」影響企業的債務融資②。

「信用渠道」下三類公司的融資狀況表明，信貸歧視、信貸配給等問題引起了貨幣政策對於這類公司的失效。但是，貨幣政策影響企業融資決策時，「貨幣渠道」可能仍然發揮著作用。正如伯南克所述，從實證研究角度區分資產負債表效應（可能受貨幣渠道影響）和銀行貸款渠道效應（受信用渠道影響）及其困難，而且隨著金融管制的不斷放鬆和金融創新的不斷深化，銀行貸款渠道的重要性將隨著時間下降，關於其存在性的證明

---

① 國內存在關於貨幣政策傳導機制的考察，但未涉及企業資本結構在特定經濟時期的變動狀況。利率管制背景下對貨幣政策傳導機制的研究表明，貨幣渠道運轉並不順暢（周英章、蔣振聲，2002；王國松，2004；蔣瑛琨、劉豔武、趙振全，2005；索彥峰、範從來，2007）。事實表明，傳統的貨幣渠道理論難以完整地解釋與投資相伴的融資現象。

② 這些文獻結合中國金融體制特徵（「信貸政策是宏觀經濟政策的重要組成部分，是中國人民銀行根據國家宏觀調控和產業政策要求，對金融機構信貸總量和投向實施引導、調控和監督，促使信貸投向不斷優化，實現信貸資金優化配置並促進經濟結構調整的重要手段。」信息來源：中國人民銀行金融市場司網站）考察了信貸資源配給的效率，關注政策效果，具有重要的實踐價值，但對貨幣政策變更與企業融資間的機理缺乏論證。

也將更加困難①。因此，我們在現有研究的假定下（信用渠道受阻導致貨幣政策對於部分公司失效），進而分析貨幣政策的總量指標（如貨幣量、利率）而非信貸指標對企業融資決策的影響。

　　按照凱恩斯主義和貨幣主義的貨幣理論和政策框架（IS-LM）②，在貨幣渠道下，貨幣供給增加時利率下降，引起股價上升。王國松、夏新平等（2011）的宏觀考察表明，貨幣政策的變化會導致股票價格的系統性變化。隨之，貨幣渠道分析表明，股票價格的上升將導致企業的托賓Q值增大，資產的重置成本減小，進而對企業的投、融資產生放大作用③。在這一方面，國內外資本結構文獻中「市場擇機」行為研究（Lucas & McDonald, 1990; Choe et al., 1993; Baker & Wurgler, 2002; 才靜涵和劉紅忠，2006）表明，在股票市場價格較高時，企業確

---

　　①　在經驗研究中只能通過觀察銀行資產負債結構的變化來證實銀行貸款渠道發揮作用的條件，而不能預測在貨幣政策變化時銀行債務資金成本的變化是否由信貸總量的變化所引起。因為，企業債務結構的變化，雖然由資金成本的變化所致，但是這一變化更一般的意義上是由資產負債表渠道下企業抵押價值和財務風險變動（受貨幣渠道下的貨幣總量和利率影響）所引起。於是，清晰界定相關證據的理論解釋還需做進一步的研究。

　　②　此處對「凱恩斯主義與貨幣主義」的界定源於薩繆爾森在《經濟學》第18版中對凱恩斯革命、貨幣主義與新古典宏觀經濟學差異的分析。簡而言之，前兩者側重政策的有效性考察，而後者側重政策的無效性考察。

　　③　基於貨幣渠道理論，解釋貨幣政策與企業投融資關聯的另一個思路為「貨幣供給增加時，一般物價水平上升，『通貨膨脹稅』引起股東持有股票的真實價值下降，股東的真實回報下降，其股票投資回報率的要求發生變化，公司為了滿足股東的要求就會相應調整生產。」易綱和王召（2002），王虎、王宇偉和範從來（2008），周暉（2010）等分析和論證了金融資產價格對於通貨膨脹與經濟增長的作用方式。在這一分析框架下企業的融資決策將會受到影響，這一邏輯更多關注影響企業融資需求的間接因素。但是，本部分的分析主要關注宏觀供給的直接影響。關於貨幣政策傳導渠道中的「股票市場渠道」（宏觀視角的）討論，可參考劉劍和胡躍紅的《股票市場發展與中國貨幣政策的有效傳導》（《中國軟科學》，2004年第11期）。

實會擇機性地發行股票融資。因此，貨幣政策變化在理論上必然引起證券市場價格的變動，進而引起企業擇機性地在證券市場上操作，特別是上市公司的股票市場融資。於是，我們形成貨幣政策、市場擇機與權益融資三者關聯的初步判斷：

假設6.1：貨幣政策變化時，企業的股票價格將同向變動，進而引起權益融資的一致變化。

關於信用渠道與企業債務融資的研究中，陸正飛等（2009）、曾海艦等（2010）均發現了中國信貸政策緊縮時，小規模企業在信貸資金配置中所受到的歧視；特別是，第4、5章的經驗證據表明，在2008年第四季度至2009年度的信貸政策寬鬆時期，小規模企業同樣受到歧視。於是，中國貨幣政策的變化通過信用渠道均可能帶來小規模企業債務融資的受限。不同於大企業，小規模企業的經營活動更多地依賴於現金的持有[1]；而現金持有量又嚴格地依賴於現金流的變化。因此，為了經營活動的持續，當某種融資方式受到外部金融環境變化的影響時，小規模企業將尋求新的融資方式給予替代[2]。於是，當信用渠道下融資受限，小規模企業可能會選擇留存收益或擴充淨權益的融資方式。根據假設6.1的預期，我們認為貨幣政策變化時，小規模企業完全可能通過淨權益融資，擇機性地實現經營的持續[3]。於是，形成另一判斷：

---

[1] 國內外關於信用渠道的研究文獻中，均有商業信用對銀行信用替代的論證，而且研究顯示這種替代更多地存在於大企業。因此，相對而言，小規模企業可能對現金持有水平的依賴較大。

[2] Hadlock和Pierce（2010）對財務約束計量的考察表明，依據外部金融環境的變化小規模企業相對大規模企業會敏感的調整其融資方式。

[3] 此前，唐國正和劉力（2005）研究發現，當利率扭曲影響債務價值時，優質上市企業股權融資相對於債務融資在特定時期具有顯著的成本優勢。

假設6.2：貨幣政策變化時，權益融資對銀行債務融資的替代將主要發生在中小企業。

6.3 「仲介效應」模型設定和經驗考察

6.3.1 變量選擇與模型設定

根據前文假設中的分析，被解釋變量應該能夠對企業的融資方式進行完整的描述，特別是能夠刻畫企業在股價較高時的市場擇機行為。參照 Baker 和 Wurgler（2002）的分析，企業的「財務槓桿變化」從權益融資角度可以分解為「淨權益占比變化」「留存收益占比變化」和「變動殘值」。因此，我們將採用財務槓桿變化、淨權益占比變化、留存收益占比變化分別衡量受貨幣政策及股票價格變動影響的企業總體融資狀況、股票融資變動和內部留存收益融資變動，並考察股票融資變動是否唯一決定了總體融資狀況。

按照前文所述，解釋變量的選取涉及貨幣政策變化的計量及股票價格的計量。考慮到本章是針對貨幣渠道的考察，貨幣政策代理變量選擇「貨幣供給量指標」而非「信貸量指標」更具合理性，結合盛松成和吳培新（2008）的研究[1]，我們選取「貨幣供給量」作為貨幣政策代理變量；對於股票價格水平的計

---

[1] 盛松成和吳培新基於1998—2006年的數據，對中國貨幣政策的仲介目標、傳導渠道進行了實證檢驗和理論分析。研究發現，M_2和貸款規模作為貨幣政策的仲介目標調控著不同的領域，信貸規模主要針對實體經濟，而貨幣供應量主要針對金融市場，作者認為這是中國央行的現實選擇（盛松成、吳培新，2008）。

量，國內市場時機領域的研究文獻採用「資產市淨率（pb）」，而且經驗證據（才靜涵、劉紅忠，2006）表明前期的資產市淨率會累積性地影響到企業的股票發行，於是我們採用期初的資產市淨率衡量當期影響本期企業融資的市價因素。此外，考慮到在貨幣政策變化時財務約束差異對於企業融資方式替代影響的不同，我們按照假設 6.2 中的分析，以及曾海艦等（2010）的研究，選取企業規模（Size）作為財務約束程度的代理變量。

鑒於本章主要考察影響企業融資決策的供給方面的主要因素之一——貨幣政策變化，控制變量選取主要考慮需求方面的因素，同時參照才靜涵和劉紅忠（2006）、Baker & Wurgler（2002）在市場時機研究中的控制變量選取，我們分別將盈利占比（Profitability）、無形資產占比（Intangibility）、銷售規模（Sales）、財務槓桿水平（Lev）納入模型，以控制企業盈利能力、創新能力、財務風險水平等對企業融資的影響。此外，考慮到經濟增長狀況會對超額準備金率、現金比率產生影響，使貨幣政策工具的實施效果減弱，我們在涉及 M_1 的推斷分析中採用經濟的增長（GDP）進行控制；考慮到行業因素的影響，我們採用行業啞變量（Industry）進行控制；考慮到其他事件的年度效應，我們採用年度啞變量（Year）進行控制。上述三個方面主要變量的具體定義如表 6.1 所示。按照變量關係的假設，基本模型的設定如下：

$$Change\ of\ Lev = \alpha + \beta_1 \cdot pb + \beta_2 \cdot M_1 + \beta_3 GDP + \beta_4 \cdot Profitability + \beta_5 \cdot Intangibility + \beta_6 \cdot Sales + \beta_7 \cdot Lev + \sum Industry \cdot \beta'_a + \sum Year \cdot \beta'_b + \varepsilon$$

$$(6.1)$$

表 6.1　　主要變量計算

變量名稱	變量計算
被解釋變量	
財務槓桿變化（Change of Lev）	期末負債總額/期末總資產－期初負債總額/期初總資產
淨權益占比變化（Change of Net Equity）	（期末股本＋期末資本公積）/期末總資產－（期初股本＋期初資本公積）/期初總資產
留存收益占比變化（Change of Retained Earnings）	（期末盈餘公積＋期末未分配利潤）/期末總資產－（期初盈餘公積＋期初未分配利潤）/期初總資產
解釋變量	
資產市淨率（PB）	本期期初所有者權益市場價值/本期期初所有者權益帳面價值
貨幣供給量（M_1）	M_1 的同比增長率
財務約束程度—企業規模（Size）	期初企業總資產的自然對數值
控制變量	
經濟的增長（GDP）	（上期生產法國內生產總值－本期生產法國內生產總值）/本期生產法國內生產總值
盈利占比（Profitability）	上期營業利潤/上期期初總資產
無形資產占比（Intangibility）	上期期初無形資產/上期期初總資產
銷售規模（Sales）	上期營業收入的自然對數
財務槓桿水平（Lev）	上期期初負債總額/上期期初總資產
行業（Industry）	按照 wind1 級 13 個行業設置啞變量，觀測屬於該行業取 1，否則為 0
年度（Year）	對於 1998—2010 年度設置啞變量，觀測屬於該年度取 1，否則為 0

註：「經濟的增長」參考蘇冬蔚等（2009）的定義，「貨幣供給量」另行參考索彥峰、範從來（2007）的定義。

模型（6.1）中的$\sum Industry$、$\sum Year$為控制行業、年度因素影響的各個啞變量，β'_a、β'_b為各影響力的參數估計，是兩個行向量。其他變量的選取依表6.1。對於假設6.1的檢驗，我們需要考察M_1是否影響 Change of Lev，是否通過 pb 影響 Change of Lev。特別是，我們預測如果這一影響存在，那麼將主要表現為對 Change of Lev 中 Change of Net Equity 的影響。因此，如統計推斷部分我們將借鑑「仲介效應」檢驗方法調整模型（6.1）的被解釋變量和解釋變量。就基本關係而言，在系列檢驗中我們預測 pb 與 M_1 正相關，Change of Net Equity 與 pb 正相關。對於假設6.2的檢驗，我們考察以上關係在依據企業規模（Size）分類的子樣本檢驗中是否僅存在於小規模企業樣本。

6.3.2　樣本選擇與數據說明

本章圍繞深市和滬市所有 A 股上市公司展開研究。公司面數據來自 WIND 數據庫，宏觀經濟數據（GDP）來自中國國家統計局網站，貨幣政策仲介指標來自中國人民銀行（調查統計司）網站和 WIND 數據庫。考慮到貨幣政效應的時滯，主要觀測年度數據；關注中國最近一個商業週期下的企業融資決策，重點分析1998—2010年的公司數據。樣本的選取主要遵循以下幾個原則：①數據完備，相關變量可以計算；②剔除金融類公司；③剔除被 ST 的公司；④剔除數據異常的公司。此外，在數據整理中，我們採用 winsorization 的方法對離群值進行處理，對所有小於1%分位數（大於99%分位數）的變量，令其值分別等於1%分位數（99%分位數）。研究採用的分析軟件為 Stata10.0。

6.3.3 實證結果

（1）描述性統計

基於解釋變量定義部分的說明，我們重點關注與貨幣政策傳導的貨幣渠道相關的仲介指標，表 6.2 顯示貨幣供給增幅在 2004—2005 年度出現下降，同時貸款利率在 2004—2005 年度相對之前年度趨勢呈現反轉，這與葉康濤等（2009）關於 2004 年度中國信貸政策緊縮和曾海艦等（2010）關於 2008 年度之後信貸政策寬鬆的論述一致。表 6.2 中的 M_1、1 年期貸款利率，以及未列示的 3~5 年期貸款利率，均與此判斷相符。在此期間，貨幣政策趨緊，數量指標和價格指標均減小。依照同樣的判斷方法，我們可以確定 2000—2001 年度中國實施了緊縮的貨幣政策，2009 年度中國實施了寬鬆的貨幣政策。

採用 2000—2010 年度滬、深兩市 A 股非金融類樣本的財務報告數據，進行不同政策時期不同融資方式的比較，結果如表 6.3、表 6.4 所示。表 6.3 中不同時期淨權益占比變化與同期財務槓桿變化呈反向關係，如 2009—2010 年度淨權益占比平均增加 5.72%，而財務槓桿平均減少 0.87%，表明在貨幣政策變動期間企業的權益融資對財務槓桿產生了影響。特別是，2004—2005 年度和 2009—2010 年度淨權益變化與貨幣政策變化同步。例如，2009—2010 年度 M_1 同比增長變大時，淨權益占比年度平均數明顯增大。這一定程度上符合假設 6.1 的判斷。然而，留存收益占比未表現出與財務槓桿、淨權益的關聯性。

表 6.2　中國貨幣政策調控的仲介指標變化

年份 調控指標	1998	1999	2000	2001	2002	2003	2004	2005	2006	2007	2008	2009	2010
M_2 同比增長率（%）	15,300.0	14,700.0	13,990.0	14,400.0	16,780.0	19,600.0	14,600.0	17,570.0	16,940.0	16,720.0	17,820.0	27,680.0	19,720.0
M_1 同比增長率（%）	11,900.0	17,700.0	16,000.0	12,700.0	16,820.0	18,700.0	13,600.0	11,780.0	17,480.0	21,010.0	9,060.0	32,350.0	21,190.0
1 年期貸款利率（%）	6,390.0	5,850.0	5,850.0	5,850.0	5,310.0	5,310.0	5,580.0	5,580.0	6,120.0	7,470.0	5,310.0	5,310.0	5,810.0

註：狹義貨幣 M_1 是貨幣供應量中最活躍的部分，它代表的是即期需求，本部分關注短期經濟運行，於是下文主要考察 M_1 的變動及影響。（數據來源：Wind 資訊）

表6.3　　貨幣政策各個松緊期企業融資方式比較

政策時期＼融資方式	淨權益占比變化	留存收益占比變化	財務槓桿變化
2000—2001	0.067,4	-0.011,2	-0.002,8
2002—2003	-0.048,2	-0.004,2	0.002,5
2004—2005	-0.087,5	-0.009,7	0.001,2
2009—2010	0.057,1	-0.002,9	-0.008,6

註：表中政策時期的劃分依據是貨幣渠道下貨幣政策的代理變量（貨幣供給量及貸款利率），表中數值為該時期年度變化的平均數。表6.4同此。

表6.4中，不同規模企業不同融資方式的比較顯示，在貨幣政策變化時，上市公司中規模較小的企業會依賴於權益融資，並伴隨財務槓桿的下調，一定程度上與假設2相符。與表6.3一致，兩類企業的留存收益的變化並無明顯的特徵。具體分析年度數據，2004—2005年度與相對寬鬆的2002—2003年、2009—2010年相比較，貨幣政策寬鬆時期企業的淨權益占比相對增加或降幅減小，這同樣表明企業權益融資可能與貨幣政策變動具有關聯性，與假設6.1相符。

表6.4　　貨幣政策各個松緊期企業融資方式比較

政策時期＼融資方式	淨權益占比變化 大企業	淨權益占比變化 小企業	留存收益占比變化 大企業	留存收益占比變化 小企業	財務槓桿變化 大企業	財務槓桿變化 小企業
2000—2001	-0.147,3	0.280,4	-0.007,2	-0.015,9	-0.003,4	-0.009,7
2002—2003	-0.211,7	0.131,9	-0.001,5	-0.007,4	0.012,1	-0.008,2
2004—2005	-0.298,8	0.118,3	-0.003,0	-0.029,5	0.009,9	-0.008,4
2009—2010	-0.169,9	0.271,7	0.007,8	-0.015,6	0.000,6	-0.019,2

註：表中政策時期的劃分依據是貨幣渠道下貨幣政策的代理變量（貨幣供給量及貸款利率），大企業與小企業的劃分依據樣本企業規模（Size）的中位數。

基於 1998—2010 年度數據，計算本章主要變量之間的相關係數，如表 6.5 所示。數據區單元格中的第一行為相關係數取值，第二行為顯著性 T 檢驗的 P 值。總體而言，除 Change of Lev 與 Change of Retained Earnings，Profitability 與 Lev 之間的相關性較高外，其他變量間的相關係數均低於 0.3，可以認為下文針對關鍵變量（PB、M_1）進行的推斷分析不會受到嚴重的多重共線性的影響。被解釋變量 Change of Lev 與 Change of Retained Earnings 之間顯著負相關關係表明，企業財務槓桿確實與留存收益間存在機械的反向變動關係，也與融資優序理論的解釋一致，即內源融資與外部債務融資存在替代關係。解釋變量中，M_1 與 Change of Lev 存在顯著的負相關關係，即貨幣政策變動可能會影響企業的融資決策，PB 與 Change of Net Equity 存在顯著的正相關關係，即基於股票價格水平的企業市場擇機行為可能是存在的。這與本章假設 6.1 的預測相符。此外，我們發現 M_1 與 GDP 之間存在顯著的負相關關係，這與中國貨幣政策逆週期操作的事實相符。

（2）「仲介效應」的基本檢驗

本章借鑑組織與管理研究、心理科學研究中的「仲介效應」識別方法（如圖 6.1 所示），對股價水平（M）在貨幣政策變動（X）影響企業財務槓桿（負債總額與總資產的比例）變動（期末與期初的差額）（Y）中的作用進行分析，以確認股價水平的代理變量，資產市淨率（pb）是否為仲介變量（M），即 X 是否通過影響 M 來影響 Y。借鑑溫忠麟等（2004）的檢驗方法，具體程序為：第一步，檢驗系數 c，如果 Y 與 X 相關不顯著則停止仲介效應分析，如果顯著則進入下一步；第二步，依次檢驗

表 6.5　主要變量相關係數表

主要變量	Change of Lev	Change of Net Equity	Change of Retained Earnings	PB	M_1	GDP	Profitability	Intangibility	Sales	Lev
Change of Lev	1.000,0									
Change of Net Equity	0.016,7 (0.091,4)	1.000,0								
Change of Retained Earnings	-0.336,7 (0.000,0)	-0.174,2 (0.000,0)	1.000,0							
PB	-0.012,1 (0.169,6)	0.067,9 (0.000,0)	-0.035,6 (0.000,1)	1.000,0						
M_1	-0.058,3 (0.000,0)	-0.017,5 (0.074,5)	0.027,5 (0.000,3)	0.090,8 (0.000,0)	1.000,0					
GDP	-0.025,0 (0.000,7)	0.060,6 (0.000,0)	-0.002,5 (0.744,4)	-0.254,3 (0.000,0)	-0.226,8 (0.000,0)	1.000,0				
Profitability	-0.174,0 (0.000,0)	-0.027,1 (0.006,3)	0.203,8 (0.000,0)	-0.090,9 (0.000,0)	-0.012,0 (0.103,7)	-0.044,4 (0.000,0)	1.000,0			
Intangibility	-0.017,4 (0.027,2)	0.040,6 (0.000,1)	-0.033,8 (0.000,0)	0.049,3 (0.000,0)	0.074,9 (0.000,0)	0.020,2 (0.010,3)	-0.069,6 (0.000,0)	1.000,0		
Sales	0.030,6 (0.000,0)	-0.109,6 (0.000,0)	0.109,8 (0.000,0)	-0.207,4 (0.000,0)	0.087,3 (0.000,0)	0.147,2 (0.000,0)	0.063,2 (0.000,0)	-0.174,4 (0.000,0)	1.000,0	
Lev	-0.163,0 (0.000,0)	0.032,5 (0.001,1)	-0.139,3 (0.000,0)	0.016,5 (0.059,7)	0.026,9 (0.000,3)	0.121,4 (0.000,0)	-0.418,7 (0.000,0)	0.022,7 (0.003,9)	0.111,8 (0.000,0)	1.000,0

$$Y = cX + e_1$$

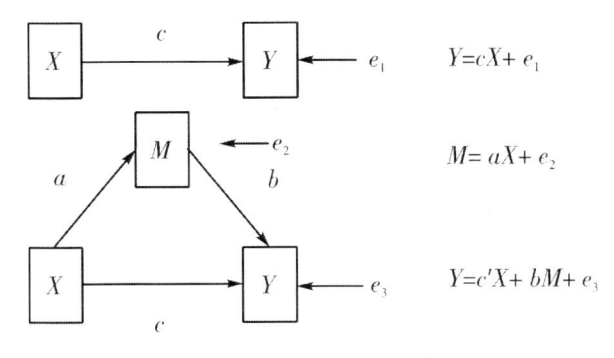

$$M = aX + e_2$$

$$Y = c'X + bM + e_3$$

圖 6.1　仲介變量示意圖

系數 a、b，如果都顯著則進入下一步①；第三步，檢驗系數 c'，如果顯著則仲介效用存在，如果不顯著則完全仲介效用顯著。本章市淨率的仲介效應檢驗結果如表 6.6 所示。

表 6.6　　　　企業財務槓桿的相關證據

	被解釋變量			
	Change of Lev	*PB*	*Change of Lev*	*Change of Lev*
截距項	−0.028,6*	15.871,8***	0.073,1***	0.071,4***
	(−1.820,0)	(21.420,0)	(3.560,0)	(3.600,0)
pb			−0.000,5*	−0.000,6*
			(−1.890,0)	(−1.860,0)
M_1	−0.001,2***	0.028,4***		−0.000,5***
	(−8.690,0)	(3.790,0)		(−3.200,0)
GDP	−0.115,635,2***	−19.306,38***		−0.066,947,6***
	(−5.79)	(−23.59)		(−2.75)
Profitability	−0.415,9***	0.625,7	−0.158,5***	−0.163,2***
	(−24.890,0)	(0.650,0)	(−6.820,0)	(−7.000,0)
Intangibility	−0.013,1	0.943,5	−0.004,1	0.003,3
	(−0.670,0)	(1.060,0)	(−0.200,0)	(0.160,0)

---

① 如果該步驟至少有一個不顯著，那麼需做 sobel 檢驗，結果顯著則仲介效用存在，否則仲介效用不存在。

表6.6(續)

	被解釋變量			
	Change of Lev	PB	Change of Lev	Change of Lev
Sales	0.007,9*** (10.040,0)	-0.538,7*** (-13.080,0)	-0.000,1 (-0.160,0)	0.000,4 (0.410,0)
Lev	-0.153,7*** (-20.660,0)	1.701,2*** (5.160,0)	-0.087,1*** (-9.480,0)	-0.086,0*** (-9.300,0)
Industry	control	control	control	control
Year	control	control	control	control
調整 R^2	0.114,6	0.120,4	0.035,6	0.036,8
F 值	37.990,0***	46.490,0***	9.470,0***	9.450,0***
N	15,585	11,682	11,691	11,682

註：截距項和各變量對應的欄內數據為參數估計值，「*」「**」「***」分別表示參數檢驗在10%、5%、1%的水平下顯著，為了降低異方差對參數估計的影響，採用穩健性（robust）迴歸。

基於模型（6.1），採用 1998—2010 年度的混合數據，表6.6中的證據顯示，市淨率（pb）是部分仲介效應的仲介變量。具體而言，貨幣政策的變化（M_1）會引起企業資產市淨率（pb）的正向變動，資產市淨率（pb）的變動會引起企業財務槓桿（Lev）的反向變動。當控制資產市淨率（pb）變動對槓桿變動的影響時，貨幣政策（M_1）對槓桿（Lev）的影響變小，表明完全仲介效用並不存在，但是，資產市淨率發揮了部分仲介效用。

(3)「權益融資」的推斷分析

公司的「財務槓桿」與「資產市淨率」負相關關係是決定貨幣政策變動與企業財務槓桿變動的關鍵環節，那麼，這一相關關係是否由權益融資的增加所導致，而非由債務融資所引起？以下進一步考察企業權益融資與貨幣政策變動的關係。

參照模型（6.1），採用1998—2010年度的混合數據，被解釋變量設定為淨權益變動（期末的股本與資本公積合計占總資產的比例同期初的差額）。在全樣本下M_1的係數為正，pb的係數顯著為正；而在小規模企業樣本下M_1的係數顯著為正，將pb納入模型後M_1的係數為正卻不顯著，此時pb的係數仍然顯著為正，具體如表6.7所示。

表6.7　　　　　　　　淨權益融資的相關證據

	\多列{4}{c}{被解釋變量：Change of Net Equity}
	全樣本	全樣本	規模小於中位數樣本	規模小於中位數樣本
截距項	2.937,5*** (7.500,0)	1.984,1*** (5.960,0)	3.620,2*** (4.120,0)	3.583,4*** (4.240,0)
pb		0.015,1** (2.450,0)		0.019,7** (2.470,0)
M_1	0.001,9 (0.470,0)		0.013,4** (2.290,0)	0.005,7 (0.530,0)
GDP	1.486,2*** (2.610,0)		2.786,0*** (3.560,0)	−0.788,6 (−0.700,0)
Profitability	−0.017,9 (−0.070,0)	−0.960,1*** (−3.780,0)	−0.275,1 (−0.820,0)	−1.722,1*** (−4.720,0)
Intangibility	0.004,9 (0.020,0)	0.025,7 (0.080,0)	−0.087,2 (−0.180,0)	0.091,8 (0.180,0)
Sales	−0.159,4*** (−9.970,0)	−0.112,3*** (−6.880,0)	−0.180,5*** (−4.660,0)	−0.164,5*** (−4.040,0)
Lev	0.330,1*** (3.530,0)	0.206,9** (2.060,0)	0.404,0*** (3.240,0)	0.192,1 (1.460,0)
Industry	control	control	control	control
Year	control	control	control	control
調整R^2	0.029,7	0.045,5	0.028,6	0.062,5
F值	5.690,0***	5.300,0***	2.980,0***	3.170,0***

表6.7(續)

	被解釋變量:Change of Net Equity			
	全樣本	全樣本	規模小於中位數樣本	規模小於中位數樣本
N	9,010	7,001	4,392	2,819

註:截距項和各變量對應的欄內數據為參數估計值,「*」「**」「***」分別表示參數檢驗在10%、5%、1%的水平下顯著,為了降低異方差對參數估計的影響,採用穩健性(robust)迴歸。

證據顯示,貨幣變動確實通過股票市場對權益融資變動產生影響,而且這一現象主要表現在規模小於中位數的樣本中。就仲介變量(pb)的效應而言,貨幣政策完全通過資產市淨率(pb)來影響小規模企業的權益融資。此結論與假設6.1和假設6.2一致,表明貨幣政策變化時,企業的權益融資將隨政策變化而同步變化;特別是,貨幣政策變化時中小企業的權益融資將顯著地隨政策變化而同步變化。

鑒於中國已有的證據(曾海艦、蘇冬蔚,2010)——信貸政策顯著地影響中小企業政策寬鬆時的銀行債務融資,結合本章「仲介效應的基本檢驗」的證據——全樣本下貨幣政策(M_1),通過資產市淨率(pb)對槓桿(Lev)影響的完全仲介效用並不存在。我們認為:信貸政策通過貨幣政策的信用傳導機制確實會影響企業的債務融資,同時貨幣政策的效應還會通過貨幣渠道(經由證券市場)影響到財務約束較大的企業(中小企業)的權益融資,構成企業融資的一種互補性模式,即假設6.2(貨幣政策變化時,權益融資對銀行債務融資的替代將主要發生在中小企業)是成立的。

參照模型(1),採用1998—2010年度的混合數據,被解釋變量設定為留存收益變動(期末的盈餘公積與未分配利潤合計占總資產的比例同期初的差額),對權益融資的另一類資金來源

進行測試。具體結果見表6.8，其中M_1的系數顯著為正，而pb的系數並不顯著。證據表明資產市淨率（pb）並不是貨幣政策影響留存收益融資變動的仲介變量[①]，結合表6.7的證據，我們認為：企業權益融資與貨幣政策變動的正向關係並非由於資產市淨率與留存收益相關而決定，而是由與資產市淨率相關的淨權益融資引起的。

表6.8　　　　　　留存收益融資的相關證據

	被解釋變量：Change of Retained Earnings	
截距項	-0.172,9*** (-12.150,0)	-0.153,9*** (-8.480,0)
pb		0.000,1 (0.640,0)
M_1	0.000,2** (2.370,0)	
Profitability	0.224,1*** (20.660,0)	0.307,1*** (20.340,0)
Intangibility	0.006,3 (0.380,0)	0.026,1 (1.430,0)
Sales	0.008,2*** (12.820,0)	0.008,1*** (10.350,0)
Lev	-0.037,8*** (-8.820,0)	-0.042,2*** (-8.310,0)
Industry	control	control
調整R^2	0.062,4	0.097,4

---

① 除了表6.8中的證據，我們還進行了sobel檢驗（原假設為ab=0）。參照sobel的方法，統計檢驗量確定為z＝$(a^2 s_b^2 + b^2 s_a^2)^{1/2}$。其中，$s_a$、$s_b$分別為估計所得參數a（貨幣政策對資產市淨率的影響）、b（資產市淨率對留存收益融資的影響）的標準誤，正態分佈假定下的檢驗結果使我們無法在較小的顯著性水平下拒絕原假設，即資產市淨率確實不是貨幣政策變動與留存收益融資的仲介變量。

表6.8(續)

	被解釋變量：Change of Retained Earnings	
F 值	63.960,0***	78.320,0***
N	15,147	11,468

註：截距項和各變量對應的欄內數據為參數估計值，「*」「**」「***」分別表示參數檢驗在10%、5%、1%的水平下顯著，估計模型未添加年度啞變量（Year）、經濟的增長（GDP），也未採用穩健性（robust）迴歸。增加控制變量並實施穩健性迴歸，發現 Change of Retained Earnings 與 M_1 並不相關，已無需繼續進行仲介效應檢驗，結論與正文一致。

6.4　本章小結

货幣政策對證券市場的影響，以及證券市場對信貸市場的替代是宏觀金融研究領域的基本問題，然而，鮮有文獻論證證券市場對信貸市場的替代問題。目前，對於這一問題的考察尤顯緊迫。一方面，中國證券市場欠發達，企業面向股票市場的融資往往與政府的政策導向相關（王正位，2009）。如早期的國有企業上市、債轉股等改革，政府在其中發揮著主導作用。那麼，在企業融資方式選擇時，證券市場（股票市場）估值是否為決定性的因素之一？此估值是否受貨幣政策的影響？均需要深入探索。另一方面，企業面向股票市場的「擇機行為」（企業會基於市場時機進行權益融資）雖然符合理論預期，也得到國外學者的分析與考證，但是國內財務領域的研究並不多。而且，在解釋證據時，如何從諸多資金需求因素中區分資金供給因素（貨幣政策因素），並識別管理者的機會主義及擇機行為值得進一步研究。

結合中國現狀，我們認為「信用觀」或「信用渠道」下處

於不同融資約束狀態的企業在貨幣政策的松緊期表現各不相同，此差異一定程度上受「貨幣觀」下市場擇機行為的干擾，即在特定信用渠道下來自證券市場的替代會對貨幣政策的效應產生影響，該替代一定程度上會導致不同經濟運行期間貨幣政策與企業融資關係的系統性差異。具體而言，貨幣政策會影響到企業權益融資，而且貨幣渠道理論及市場擇時理論可以對這一傳導給予有效的解釋。我們的經驗證據顯示，當貨幣政策總量指標（M_1）變化時，企業的淨權益融資發生變化，而且這種變化顯著地受到股票市值的影響，特別是在小規模企業樣本下，貨幣政策變化成為企業融資決策的顯著影響變量。此結論表明，貨幣政策不僅可以通過信用渠道直接影響企業的債務融資，而且可以通過貨幣渠道改變不同類企業權益融資的成本，進而形成一種替代，最終影響特定企業的資本結構。

本章的工作擴充了貨幣政策傳導機制的研究。在國內，近年來少數文獻論證了信用渠道下企業的債務融資，但是缺乏貨幣政策背景下權益融資的考察。本章重點研究貨幣政策變動與融資決策，特別是微觀主體的權益融資決策，豐富了貨幣政策傳導機制研究的內容。顯然，這將有助於中國貨幣政策實施和金融監管。

同時，本章提供了資本結構研究的新路徑。研究將企業融資決策與外部政策變化相結合，重點考察逆週期操作的貨幣政策對企業權益融資的影響。在國內已有文獻基礎上，考察了貨幣政策背景下證券市場資金配置狀況，補充了信貸資金配置效率方面的研究，完善了企業融資決策研究中關於市場摩擦的分析。

近年來，中國中小企業普遍處於財務困境之中，除了相對於大企業的異質性，主要原因之一便是金融變化時面臨的信貸歧視及介入資本市場的高門檻，於是考察貨幣政策傳導對不同類型企業權益融資的影響同樣重要。顯然，本章對於小企業財務困境的解釋具有一定的幫助。

7 信貸政策對企業融資決策的影響：基於行業前景預期的考察

　　國內學者的發現以及本書第4、5章的證據表明，信用渠道是目前中國貨幣政策傳導的主要渠道。基於此，結合中國產業轉型中的「潮湧現象」，本章將考察行業前景預期對行業信貸政策實踐的影響，進而分析其對信用渠道的干擾，以及對行業企業債務融資的影響。

　　圍繞企業債務融資，研究信貸政策實踐的具體作用方式應該重點關注兩個問題：①其他的宏觀政策是否同樣會影響資本結構的選擇；②該框架是否與企業融資決策的其他理論解釋相一致。這些問題將集中體現於中國特殊的信貸政策分析。中國人民銀行對「信貸政策」的說明中明確提出，「信貸政策是宏觀經濟政策的重要組成部分，是中國人民銀行根據國家宏觀調控和產業政策的要求，對金融機構信貸總量和投向實施引導、調控和監督，促使信貸投向不斷優化，實現信貸資金優化配置並促進經濟結構調整的重要手段。」在金融實踐中，中國的利率市場化有待持續深入，「信貸政策及指標變動」與「利率和貨幣供給量」的關聯度較低。前者服務於經濟結構調整，而後者側重於總額控制，且信貸政策更多地服務於產業發展。因此，控制行業企業融資的需求，圍繞企業債務融資，考察相對獨立於其

他貨幣政策的信貸政策效用，對於認識和解決中國產業發展中的信貸問題不失為一個有效的途徑。

新興市場的「潮湧現象」如何影響信貸政策及企業債務融資？基於林毅夫等（2007，2010）的分析，對於一個處於快速發展階段的發展中國家，在產業升級時，企業所要投資的是技術成熟、產品市場已經存在、處於世界產業鏈內部的產業，企業很容易對新興、有前景的產業產生共識，投資上容易出現「潮湧現象」（未遵循企業自身的比較優勢），同時金融機構在「羊群行為」的影響下也樂意給予這些項目金融支持。具體研究中，結合有關行業分析的早期資本結構研究（Bradley、Jarrell 和 Kim，1984），控制與產品競爭及營運環境相伴的財務風險，構建線性方程模型，採用行業企業數據（1998—2010年度上市公司的樣本），考察「潮湧現象」如何影響信貸政策及行業企業的債務融資。統計分析表明，行業前景預期與信貸資金投向正相關，而且行業前景預期會強化信貸政策變動與企業債務融資水平之間的關係。我們發現在特定的行業發展規劃下，信貸政策的傾向性及銀行對特定行業企業信貸量的系統性支持會導致此類企業銀行債務融資的大幅上升。

本章描述了經濟轉型國家行業企業的銀行債務融資特徵。結合中國新興市場特徵，對行業前景預期、融資集聚問題的考察，不僅關注制度本身，更關注經濟主體的行為特徵，為傳統信貸政策研究提供了新的視角。同時，研究將行業企業投資效果——行業前景預期納入企業融資決策進行考察，延續「投資預算」——「融資決策」這一傳統財務主線，豐富了投、融資研究文獻，也為行業企業資本結構的選擇提供了新的解釋。

7.1 主要研究回顧

通過考察行業企業的債務融資狀況來識別信貸政策實施中的干擾因素，首先需要明確「信貸政策傳導機制」「信貸資金配置」狀況以及相關的「行業企業債務融資」情況，國內外學者已經就此做出了大量的工作。

主流的貨幣政策傳導機制研究可以分為兩類，分別為凱恩斯、弗里德曼等人的「貨幣觀」和伯南克等人的「信用觀」。由於早期的「凱恩斯學派」和「貨幣主義」將分析建立在「完全信息」之上，僅僅通過利率和貨幣量來考察投資的擴張，其對政策短期內的效果缺乏解釋能力。然而，「新凱恩斯主義」在「信用觀」下對信用渠道、信貸配給和企業資金約束的具體分析，使得貨幣政策的短期影響得到合理的解釋和預測（Stiglitz & Weiss, 1981; Bernanke & Blinder, 1988）[1]。信貸政策傳導機制研究主要依賴於早期的信用渠道研究展開。基於信用渠道理論，國內學者集中考察了信貸資源的配置效率問題[2]，研究發現貨幣政策緊縮時期企業信貸的可得性、企業現金的持有水平顯著不同於寬鬆時期（葉康濤、祝繼高，2009；祝繼高、陸正飛，2009；曾海艦、蘇冬蔚，2010）。

圍繞中國體制背景，資本結構領域的主流研究基於產權理論考察了企業的債務融資。孫錚等（2005）基於產權和外部治

---

[1] Kashyap, Stein 和 Wilcox 較早通過企業外部融資（銀行貸款和商業票據）結構的變化證實了銀行貸款渠道的存在。(Kashyap, 1993)

[2] 由於中國央行的特殊地位，利率市場化有待持續深入，「信貸政策及指標變動」與「利率和貨幣供給量」的關聯度較低（前者服務於經濟結構調整，而後者側重於總額），並且信貸政策的效應相對貨幣政策較為突出。

理環境的經濟分析表明，政府的干預往往會導致銀行信貸供給的變化。具體而言，政府干預企業長期債務融資概括為兩個方面：①政府通過財政補貼提升企業預防債務風險的能力；②政府通過影響銀行的信貸決策直接干預企業融資。又如方軍雄的文章《所有制、制度環境與信貸資金配置》，介紹了國有與「三資」工業企業（針對1996—2004年的樣本）得到銀行貸款金額與期限的差異，分析了與政府干預相關的融資信息成本和違約風險在兩類樣本間的差異（方軍雄，2007）；另有學者對影響資本結構的制度因素進行了系統分析，並考察了1997—2006宏觀經濟環境對企業資本結構調整速度的影響，發現法治建設、股票市場發展程度、破產法適用範圍等制度因素影響企業資本結構，並且宏觀經濟環境不同調整速度不同（黃輝，2009）。

此外，圍繞中國經濟轉型的現狀解釋行業企業債務融資尤顯重要，特別是基於貨幣政策變更的考察。早期的國外研究表明，在融資過程中，向企業資金供給者傳遞信息的財務指標具有明顯的行業特徵（Schwartz & Aronson, 1967），從而處於不同行業的企業在貨幣政策實施過程中所面臨的財務約束就會不同，最終可能造成貨幣政策效果在行業間產生差異。中國研究者基於近期數據的經驗分析表明，中國的貨幣政策在行業間存在明顯的效應差異（楊小軍，2010）。

基於信貸政策、產權屬性、行業企業財務特徵等影響企業融資決策的研究，進行綜合考察不僅有助於指導中國的信貸政策實踐，而且是「權衡視角」下資本結構研究的必然趨勢（馬文超，2012）。本章將進一步考察行業企業債務融資中信貸政策的效應。①現有證據表明中國的信貸政策在配置資源時效率不高；②因產權屬性不同導致各類企業面臨的融資約束不同。那麼，如何在中國經濟轉型或產業升級的背景下解釋已有的證據？如何改進現有的產業發展政策以化解特定體制背景下的信貸歧

視問題？將具有重要的理論意義和現實價值。

7.2 行業前景預期對信貸及融資的影響

7.2.1 現實背景

中國經濟轉型中的一個重大問題是如何進行產業升級。近年來的現實狀況是，在國家和地方政府的引導下①，企業集中地湧向某一產業。就轉型中的成功故事不論，某些行業的慘淡現狀和未來值得關注。以光伏行業 2010 年之後的瘋狂擴張為例。由於 2008 年金融危機使得歐洲各國普遍降低了光伏安裝量，而當時中國光伏企業 99% 的產品出口歐美②，導致眾多企業遭受嚴重打擊，不過在 2009 年年底歐洲市場開始好轉，市場需求的快速增長又使中國企業面臨產能的嚴重不足。於是，中國的光伏企業自 2010 年開始出現了大躍進，像英利、尚德等均為當地乃至全省的龍頭企業，地方政府在企業面臨財務困境時往往給予貸款等扶持政策，甚至在企業面臨破產時可能會以國資接盤，在地方政府保駕護航下，加之國家對新興產業發展的指引，這些企業均呈現爆發式增長。數據顯示，2011 年全球光伏總安裝量為 27GW，而國內目前的產能卻達到了 50GW（葉文添，2012）。再以中國的鋼鐵行業為例。從 1998 年開始的三年多時間，全社會對於鋼鐵、水泥等幾個行業的良好外部環境存在很

---

① 在 2010 年《國務院關於加快培育和發展戰略性新興產業的決定》中，強調的重點領域包括新能源產業下的太陽能熱利用技術和太陽能光伏光熱發電。在工業和信息部 2011 年披露的戰略性新興產業重點產品目錄中，光伏行業就位列其中。

② 按照「大美研究中心」截至 2011 年 10 月的統計，中國光伏組件出口目的國的前三名為荷蘭、德國和美國，占比分別為 26.7%、23.2%、15.1%。

强的共識。在房地產、基礎建築業高速發展的帶動下，線材、螺紋鋼等產品供不應求，隨著「中國經濟持續高速增長，鋼鐵行業的總需求等因素直到2007—2008年仍在較快提升」（林毅夫等，2010）。這一狀況引起地方政府和企業的積極回應①，不僅是早該轉型的國有企業，而且眾多民營企業加入到生產大軍②，導致目前鋼鐵行業生產能力嚴重過剩，在基礎建築業、房地產業總體環境不景氣時更是雪上加霜，以致個別鋼鐵企業意欲從事養豬等與其比較優勢（自身要素稟賦結構特徵）不相符合的業務③。顯而易見，這類產業升級集中體現了中國轉型中的兩個基本特徵：一是政府的不合理引導和盲目扶持④；二是企業的盲目跟進和決策激進。

---

① 顯然，政府並未對產能潛在過剩的產業，積極穩妥地採用適當的環保和能耗標準，降低相關補貼，減少金融政策支持。相反，為了維持低水平下的經濟增長，相關的監管並未有效實施，相應的扶持卻加大了。即使存在一些努力，但效果有限。以2007年7月環保總局、人民銀行、銀監會三部門聯合提出綠色信貸為例，這一政策旨在為生態保護、生態建設和綠色產業融資。然而，綠色標準的缺失，地方環保部門與銀行間信息的阻滯，導致不同銀行對環境和社會風險的認定存在差異，加之部分地區處於工業化初期，增長中的粗放式成分較多，這些狀況使得商業銀行難以有效地實現國家政府部門的意願（朱紫雲，2012）。

② 關於鋼鐵工業，2002年、2003年固定資產投資分別為704億元和1,332億元，增幅45.9%和89.2%。從產能增量上看，鋼鐵工業2004年在建產能占當時已有產能的60%以上（林毅夫等，2010）。

③ 婁書銘.鋼鐵巨頭養豬種菜 武鋼轉型何去何從 [EB/OL]. [2012-03-04]. http://finance.people.com.cn/GB/70846/17287381.html.

④ 值得反思的是，政府門是否就行業內其他企業和總量信息給予了及時和可靠的披露，其引導是不是合理的。就現狀而言，政府的引導作用可能並未有效發揮，倒是扶持功能得到了充分的實現。正是由於企業在信息的非對稱狀況下，加之政府的扶持，導致企業忽略了對行業內企業實際數量和建廠成本等的關注，影響了產能的有效利用和市場收益的獲取。

7.2.2 理論分析

　　基於林毅夫（2007，2010）的解釋和分析，對於一個處於快速發展階段的發展中國家，在產業升級時，企業所要投資的是技術成熟、產品市場已經存在、處於世界產業鏈內部的產業[①]，企業很容易對新興、有前景的產業產生共識，投資上容易出現「潮湧現象」（企業的這一行為並未遵循自身的比較優勢）[②]，同時金融機構在「羊群行為」的影響下也樂意給予這些項目金融支持。中國人民銀行對「信貸政策」的說明中明確提出，「信貸政策是宏觀經濟政策的重要組成部分，是中國人民銀行根據國家宏觀調控和產業政策要求，對金融機構信貸總量和投向實施引導、調控和監督，促使信貸投向不斷優化，實現信貸資金優化配置並促進經濟結構調整的重要手段。」考慮到中國的這一體制背景，政府為了支持新興行業會在前景預期明確的狀態下啓動信貸政策給予金融支持。如圖 7.1 所示，在行業信貸需求 d 保持不變，由於行業前景預期的影響，行業信貸供給將由 s 增加為 s′，同時均衡的利率將由為 r_1 調整為 r_2，最終行業企業的信貸需求會在較低的成本下得到更為寬鬆的信貸供給量的滿足。因此我們形成以下預測：

　　假設 7.1：行業前景預期會影響信貸政策實踐，引起行業企業信貸總額的同步變化。

　　[①] 例如，中國光伏組件出口商尚德電力、英利等同樣是多晶硅料進口的主要企業，就生產階段與產品形成而言仍然屬於世界產業鏈的內部。
　　[②] 林毅夫等（2010）對產能過剩的形成機制分析表明，產能過剩不僅由經濟週期波動引起，更可能有投資層面的成因。顯然，在常態經濟形勢下，財務實踐中「資本預算—融資決策」這一基本邏輯使得企業的融資決策成為財務管理的重要一環（李心合，2009）。

已有文獻中關於銀行信貸與企業債務融資關係的研究表明，中國企業的債務特別是長期銀行債顯著受到信貸規模或信貸政策松緊的影響（葉康濤、祝繼高，2009；曾海艦、蘇冬蔚，2010）。那麼，企業的資金需求是否會受到所處行業前景預期的影響？信用渠道下信貸資金供給與企業融資決策的關係，是否會受到行業前景預期的強化？結合上文中國現實背景的描述和林毅夫的分析，行業前景預期不僅通過國家政府影響信貸資金的總量供給而且也會影響到企業決策的激進程度。如圖 7.2 所示，在行業信貸供給 s′ 保持不變，由於行業前景預期的影響，行業企業的信貸需求將由 d 增加為 d′，同時均衡的利率將由 r_2 調整為 r_3，最終，擴大的行業企業信貸需求量（大於 q_1）會在合理的成本（r_3）下得到適度的信貸供給量（q^*）的滿足。於是，我們形成如下預測：

假設 7.2：行業前景預期會干擾信用渠道，強化信貸供給與企業債務融資的關係。

但是，前景預期對信用渠道的干擾在不同的樣本中可能存在差異。如現實背景中所介紹的，產業升級中的潮湧現象不僅源於企業的盲從和激進，而且政府在其中扮演了重要的角色。考慮到企業與政府關係的疏密，對於與政府關係不同的企業，前景預期對信用渠道的干擾是否會有所不同？如圖 7.2 所示，理論上在點（r_3, q^*）時，在前景預期的干擾下信用渠道中的供求雙方達到均衡，然而政府的「直接干預」使得點（r_3, q^*）

在中國可能並不存在①。由於政府直接干預不同企業的程度不同，與政府關係疏遠的企業在較低的 r_2 下得到更多的資金（此時，資金的供給線趨於水平化，此類企業的債務水平將更大地取決於被前景預期所放大的需求），滿足了資金需要（q_2）；而與政府關係密切的企業，被前景預期所放大的需求往往得到遏制②，只能在（r_2, q_1）下面對信貸供給增加帶來的影響。於是，我們形成如下預測：

---

① 此處，政府的「直接干預」不同於一般意義上的「不合理引導和盲目扶持」。直接干預是指政府在「計劃—指令」治理模式下對關係密切企業的嚴格控制，對於國有企業或大規模企業，因其特殊產權屬性和組織特徵所引起的社會職責、政治任務必然使得國家在企業轉型和發展中給予更多的關注和監管，這將一定程度上消減這類企業既定前景預期下的資金需求；同時，由於預算軟約束的存在，與政府關係密切的企業融資約束較小［例如，孫錚等（2005）、方軍雄（2007）等早些時候所揭示，國有企業相對非國有企業在信貸資金的獲得上存在優勢］，這一定程度上也會降低前景預期對企業資金需求的影響。不合理引導和盲目扶持是指中國「現實背景」下政府的行為，因為政府的引導和扶持，許多違規且不滿足環保能耗標準的企業進入新興行業，行業信貸資金的盲目供給也相伴而生，落後的產能便在相關政府和此類企業的助推下進一步過剩。按照張杰（2011）的「國家模型及其擴張性解釋」，中國的二重制度結構（發達而富有控制力的上層結構，流動性強且分散化的下層結構）決定了有限的制度選擇空間，理性的國家並不以提供產權保護來獲得收入，在其追求壟斷的產權形式和壟斷產權增量時，沒有具有足夠談判能力的其他產權形式給予約束，加之外部競爭因素的強化，國有產權的擴張就成了必然；1978 年之後，當國家效用函數替代企業效用函數使國家支付的信息成本過高，導致持續的低效增長，為了最大化追求租金國家選擇了退讓，國家控制的國民收入也趨於下降。此時，為了聚集分散於居民部門的金融資源，國有金融產權反而得到擴展，國有金融安排作為國有企業配套角色的性質得以強化。在此制度分析的框架中，我們同樣可以認為國家和政府在以國有金融為主體的信貸市場中必然會理性地安排國有企業或大規模企業的信貸資金供給，並合理地干預信貸資金需求。

② 正如圖 7.2 所示，供求均衡由點（r_2, q_1）到點（r_3, q^*）的變動，將帶來總剩餘的最大化，銀行（生產者）與企業（消費者）的總剩餘將為 s′、d′ 所分割的左側區域。政府的直接干預，使得與政府關係密切的企業所對應的總剩餘為 s′、d 所分割的左側區域；與政府關係疏遠的企業所對應的總剩餘為 s′、d′ 所分割的左側區域，再加區域 E。總體而言，政府的介入將降低總剩餘。

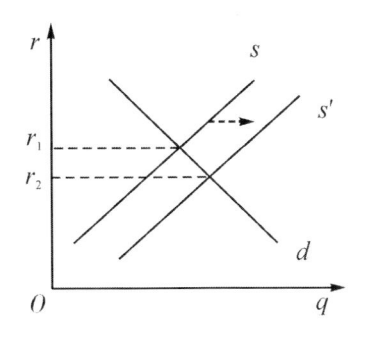

圖 7.1 前景預期對行業信貸供給的影響

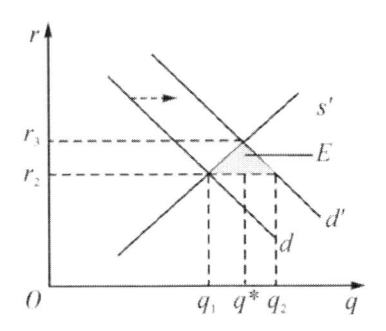

圖 7.2 前景預期對企業債務需求的影響

假設 7.3：行業前景預期對信用渠道的干擾將主要存在於非國有企業樣本（或中小企業）。

7.3 線性模型設定和經驗考察

7.3.1 研究設計與樣本選擇

（1）變量定義

根據研究假設中的分析，被解釋變量應該能夠對企業的債務融資方式進行描述，特別是，能夠刻畫企業在信貸政策變更時的融資決策。本章中，我們選取「長期借款比例」作為債務融資的代理變量。依據陸正飛等（2008）關於銀行債務契約的

論述，選擇長期借款比例的具體原因是：對於短期借款，銀行主要關心企業的短期償債能力，未來的不確定性相對較少；而對於長期借款，銀行面臨的不確定性較大。銀行必須掌握充分的信息來進行信貸決策，以保證企業未來有充分的現金流償還到期借款。此外，為了考察行業前景預期與行業信貸總額的關係，我們構建「行業信貸總額」指標作為行業企業債務融資總量的代理變量。

按照前文所述，解釋變量的選取涉及信貸政策變化的計量及行業前景預期的計量。參照葉康濤等（2009）和曾海艦等（2010）的研究，信貸政策變化的代理變量確定為「信貸規模」。行業前景預期理論上存在兩種計量方法：一是對行為主體直接進行問卷調查；二是基於行為主體的經濟後果進行預測。中國國家統計局自2001年第一季度對8大行業企業景氣指數的問卷統計即屬於第一種方法[①]。關於第二種方法，中證指數公司自2012年5月2日起每天對外發布滬、深全市場按照中證行業分類計算的行業市盈率、市淨率等行業估值數據，這些指標的計算採用了包含企業前景信息的股票價格數據。此外，我們也可以採用行業總體收益水平的歷史數據進行前景預期。本章針對年度樣本進行分析，鑒於數據的可靠性和可行性，將行業前景預期的代理變量確定為「平均收益的成長性」。

馮根福等（2000）、肖作平（2004）分別從靜態和動態角度提供了融資次序理論和權衡理論的經驗證據。然而這些研究顯示信號傳遞模型不能較好的解釋中國的融資實踐，於是我們主

[①] 按照國家統計局對企業景氣指數調查制度的說明，企業景氣調查是指為了及時、準確地反應宏觀經濟運行和企業生產經營狀況，利用企業家對所在行業運行狀況和企業生產經營狀況的判斷與預期編製景氣指數，為各級黨政領導進行宏觀管理與決策和企業生產經營提供參考依據與諮詢建議，根據《中華人民共和國統計法》的規定，制定本調查制度。

要基於權衡理論和融資次序理論的早期經驗研究篩選控制變量。Bradley 等（Bradley, Jarrell 和 Kim, 1984）研究發現，抵押資產、破產風險、非債務稅盾與財務槓桿相關，支持了權衡理論下抵押物、破產成本和債務稅盾的重要性；之後，Titman 等（Titman 和 Wessels，1998）的研究表明，資產的專用性和獲利能力與財務槓桿負相關，支持了融資次序理論和代理成本理論，因為高利潤公司傾向於使用較少的外部融資，擁有專用性資產的公司出於降低代理成本會使用較少的外部融資；考慮到以上變量在中國已有相關經驗研究中均被採用，於是我們選取「可抵押價值」「盈餘波動」「非債務稅盾」、「獲利能力」「資產專用性」在考察基本關係時進行控制。此外，考慮到經濟增長狀況會對超額準備金率、現金比率產生影響，使貨幣政策工具的實施效果減弱，我們在涉及信貸政策的推斷分析中採用經濟的增長（GDP）進行控制；考慮到其他事件的年度效應，我們採用年度啞變量（Year）進行控制。上述三方面主要變量的具體定義如表 7.1 所示。

表 7.1　　主要變量定義

變量名稱	變量定義
被解釋變量：	
長期借款比例（Lloan）	期末長期借款/期末總資產
行業信貸總額（Total Lloan of Industry）	行業企業本期長期借款自然對數值
解釋變量：	
信貸規模（Totalloan）	國內信貸（對非金融部門債權）期末餘額的同比增長率
平均收益的成長性（GAP - Growth of Average Profitability）	$t-5$ 至 t 期行業企業營業利潤的平均增長

表7.1(續)

變量名稱	變量定義
控制變量：	
可抵押價值（Tangibility）	期末固定資產帳面淨值/期末總資產
盈餘波動（Volatility）	$t-4$ 至 t 期資產收益率（淨利潤/平均總資產）的標準方差
非債務稅盾（NDTS）	除利息支出之外的其他可在稅前扣除的費用，為累計折舊加上待攤費用、遞延資產及開辦費後除以期末總資產
獲利能力（Profitability）	本期營業利潤/本期銷售收入
資產專用性（Intangibility）	期末無形資產/期末總資產
經濟的增長（GDP）	（上期生產法國內生產總值－本期生產法國內生產總值）/本期生產法國內生產總值
年度（Year）	對於 2003—2010 年度設置啞變量，觀測屬於該年度取 1，否則為 0

註：平均收益的成長性涉及本期前的 5 個年度數據，基於 1998—2010 年度的數據進行計算，最終獲得 2003—2010 年度數據。「經濟的增長」參照蘇冬蔚等（2009）的定義。

(2) 模型設定

按照變量關係的假設 7.1，模型（7.1）的設定如下：

$$Total\ Lloan\ of\ Industry_{it} = \alpha + \beta_1 \cdot GAP_{it} + \beta_2 \cdot Tangibility_{it} + \beta_3 \cdot Volatility_{it} + \beta_4 \cdot NDTS_{it} + \beta_5 \cdot Profitability_{it} + \beta_6 \cdot Intangibility_{it} + \sum Year \cdot \beta' + u_i + e_{it} \qquad (7.1)$$

模型（7.1）中的 $\sum Year$ 為控制年度因素影響的各個啞變量，β' 為各影響力的參數估計，是一個行向量，其他變量的選取依表 7.1。根據假設 7.1 我們預測 β_1 為正。本部分採用的面板數據可能並不符合獨立同分佈(i.i.d)誤差假定，因此模型的設定不同於 OLS 模型。此處的面板數據模型包括兩個誤差項。第

一個是對第 i 個公司來說是共同的，但是在不同的公司之間是不同的（u_i）；第二個則對每一公司 i 在年度 t 的觀察來說都是獨特的（e_{it}）。

按照變量關係的假設 7.1，模型（7.2）的設定如下：

$$Lloan_{it} = \alpha + \beta_1 \cdot Totalloan_{it} + \beta_2 \cdot Totalloan_{it} \cdot GAP_{it} + \beta_3 \cdot Tangibility_{it} + \beta_4 \cdot Volatility_{it} + \beta_5 \cdot NDTS_{it} + \beta_6 \cdot Profitability_{it} + \beta_7 \cdot Intangibility_{it} + \sum Year \cdot \beta' + u_i + e_{it} \quad (7.2)$$

模型（7.2）中 $\sum Year$ 的設定如模型（7.1）所示，其他變量的選取依表 7.1。對於假設 7.2 的檢驗，需要考察 GAP 是否影響 Lev 與 $Totalloan$ 的關係，我們預測 β_2 為正，即在 GAP 的干擾下 $Totalloan$ 對 Lev 的影響力由 β_1 上升到（$\beta_1 + \beta_2$）。同模型（7.1）的設定，我們採用面板數據分析方法處理觀測。

（3）數據說明

本章圍繞深市和滬市所有 A 股上市公司展開研究。公司財務數據來自 WIND 數據庫，宏觀經濟數據（GDP）來自中國國家統計局網站，貨幣政策仲介指標來自中國人民銀行（調查統計司）網站和 WIND 數據庫。考慮到貨幣政策效應的時滯，選擇年度觀測數據；關注中國最近一個商業週期下的企業融資決策，重點分析 1998—2010 年的公司數據，由於計算 GAP 和 $Volatility$ 的需要，最終的公司數據分佈在 2003—2010 年。樣本的選取主要遵循以下幾個原則：①數據完備，相關變量可以計算；②剔除金融類公司；③剔除被 ST 的公司。此外，在數據整理中，我們採用 winsorization 的方法對離群值進行處理，對所有小於 1%分位數（大於 99%分位數）的變量，令其值分別等於 1%分位數（99%分位數）。研究採用的分析軟件為 stata10.0。

7.3.2 實證結果

(1) 描述性統計

變量的描述性統計結果如表 7.2 所示。雖然各變量的均值及標準差顯示企業的各項財務指標正常,且分佈較集中。但是 Lloan, Tangibility, Volatility, NDTS 的最大值均與財務實踐不符,可能會導致下文推斷分析中存在異常值的干擾。因此,我們的推斷分析將結合面板數據的處理方法進行此類問題的控制。

表 7.2　　　　變量的描述性統計結果

Variable	N	Mean	Std. Dev	Min	Max
Lloan	6,182	0.647,7	2.642,6	5.32e-15	20.666,6
Tangibility	12,905	0.428,5	1.405,9	0	10.649,7
Volatility	11,875	11.595,8	120.195,7	0.032,8	5,825.274,0
NDTS	12,905	0.221,1	0.779,6	0	6.067,6
Profitability	12,853	0.065,5	0.298,7	-1.967,1	0.639,7
Intangibility	11,606	0.045,5	0.054,2	0	0.302,0

考慮到主要變量間的基本關係和模型設定中的多重共線性問題,我們考察主要變量之間的相關係數。在表 7.3 中,Lloan 與 Profitability 的負相關關係與融資優序理論的預期一致,即企業盈利能力較強時減少了對外部長期借款的依賴,將利用內部的留存利潤。此外,Tangibility 與 NDTS 存在高度的顯著正相關關係,這可能源於本部分變量計算中的機械相關。於是,下文統計推斷分析中我們將對該關係進一步分析,以防止嚴重多重共線對參數估計的干擾。總體而言,主要變量間的相關係數較小,模型設定中的多重共線性問題可能並不嚴重。

表 7.3　　　　　　　　　主要變量相關係數表

Variable	Lloan	Total Lloan of Industry	GAP	Tangibility	Volatility	NDTS	Profitability	Intangibility
Lloan	1.000,0							
Total Lloan of Industry	0.029,5 (0.020,4)	1.000,0						
GAP	0.188,5 (0.000,0)	−0.065,6 (0.000,0)	1.000,0					
Tangibility	0.085,1 (0.000,0)	0.010,0 (0.257,1)	−0.046,1 (0.000,0)	1.000,0				
Volatility	0.000,2 (0.988,4)	−0.000,4 (0.974,6)	−0.001,1 (0.904,4)	−0.006,8 (0.548,3)	1.000,0			
NDTS	0.084,3 (0.000,0)	0.016,7 (0.058,2)	−0.043,6 (0.000,0)	0.933,2 (0.000,0)	−0.007,6 (0.501,2)	1.000,0		
Profitability	−0.002,5 (0.846,8)	0.013,3 (0.132,4)	0.038,5 (0.000,0)	−0.094,2 (0.000,0)	0.019,7 (0.082,7)	−0.097,3 (0.000,0)	1.000,0	
Intangibility	0.028,4 (0.031,1)	−0.025,7 (0.005,8)	0.013,8 (0.136,6)	0.092,4 (0.000,0)	0.005,0 (0.678,8)	0.088,2 (0.000,0)	−0.084,2 (0.000,0)	1.000,0

　　本章所關注的行業企業信貸數據如表7.4所示。表7.4中每一非金融性行業下 Total Lloan of Industry 與 GAP 呈現負向的分佈，這一狀況與表7.3中兩者的顯著負相關關係統計一致。因此，我們對行業信貸總額與行業前景預期之間的假設（假設7.1）並未得到變量間簡單關係的支持。顯然，我們還需進一步控制其他影響行業企業債務融資的因素以考察兩者間的具體關係。

表 7.4　　行業信貸總額與前景預期（平均收益的成長性）比較

	A	B	C	D	E	F	G	H	J	K	L	M
Total Lloan of Industry	22.647,4	22.528,2	26.450,8	22.621,4	22.522,1	23.059,3	22.181,3	24.151,6	23.948,3	23.123,4	21.959,9	22.577,4
GAP	2.483,5	6.603,1	0.112,4	3.764,5	3.595,5	2.780,5	0.154,7	0.467,7	0.314,7	1.311,9	11.374,6	2.173,3

註：表中數據為兩個指標2003—2010年度的均值。

（2）多元迴歸分析

　　考慮到行業信貸總額為行業企業長期借款的合計，我們在模型（7.1）中添加 Tangibility 等控制變量對影響企業債務融資

的其他因素進行控制，以驗證假設7.1。此外，考慮到推斷分析中可能存在異常值的干擾（見表7.2）以及面板數據的特殊之處，我們採用隨機效應 GLS 迴歸方法進行數據處理。表7.5中的證據表明行業前景預期確實會影響到信貸政策的實踐。具體而言，GAP 系數估計為正與假設預期一致，行業企業營業利潤的前期平均增長與行業企業本期長期借款合計的自然對數顯著相關。控制變量 Profitability 與 Intangibility 的系數同預期符號相反，表明融資優序理論與代理理論的相關解釋並未得到支持，Profitability 的正系數反而支持權衡理論的解釋。另外，兩個控制變量（Tangibility 和 NDTS）的迴歸係數並不顯著，雖然非債務稅盾（NDTS）與財務槓桿正相關的關係得到一定程度的支持，但是 Tangibility 的係數與預期相反，這一結果可能源於兩者高度相關（見表7.3）所引起的嚴重多重共線，於是我們對兩變量實施約束模型檢驗考察它們共同解釋的能力。在 OLS 模型下分別實施包含和不包含兩個變量的迴歸，構造 F 統計量，$[(R_{ur}^2-R_r^2)/q]/(1-R_{ur}^2)df_{ur}$ 取值為4.04，而分子自由度為2，分母自由度大於120的10%的臨界值為2.30，於是我們認為 Tangibility 和 NDTS 總體上顯著地解釋了行業企業的長期債務融資，因此在表7.5對應的分析中保留這兩個控制項。

表7.5 行業信貸總額對平均收益的成長性的迴歸結果

(因變量：行業信貸總額)

變量	預期符號	模型迴歸結果
GAP	+	0.012,6*** (18.120,0)
Tangibility	+	-0.001,1 (-0.050,0)
Volatility	−	0.000,3 (1.550,0)

表7.5(續)

變量	預期符號	模型迴歸結果
NDTS	+	0.025,1 (0.640,0)
Profitability	−	0.096,1*** (2.960,0)
Intangibility	−	0.335,3* (1.710,0)
GDP	?	−0.107,7 (−0.580,0)
Year	?	control
Constant	?	25.010,4*** (526.850,0)
R^2−within		0.101,1
−between		0.004,5
−overall		0.001,1
X^2		982.440,0***
Number of obs		11,361
Number of groups		2,079

註：表中內容為 Random-effects GLS regression 的結果，我們採用 Fixed-effects (within) regression 得出的結果與其一致，截距項和各變量對應的欄內數據為參數估計值，上行數據為迴歸係數，下行數據為 Z 值，「*」「**」「***」分別表示參數檢驗在 10%、5%、1%的水平下顯著（雙尾檢驗）。

基於模型（7.2），對假設 7.2 進行驗證。我們採用隨機效應和固定效應兩種方法進行估計，參數估計的方向一致，但固定效應下解釋變量的係數均顯著。表 7.6 中解釋變量的係數估計均顯著為正，同預期符號一致，表明信貸規模對長期借款比例的影響受到了行業企業平均收益的成長性的強化，與本章的假設 7.2 相符，即行業前景預期會干擾信用渠道對企業債務融資的影響。由於被解釋變量來自微觀企業觀測數據，因此模型

(7.2) 的控制變量與模型 (7.1) 相比少了 GDP。控制變量的參數估計同模型 (7.1) 的估計，解釋同前文。

表7.6 企業債務融資對平均收益的成長性的迴歸結果

(因變量：長期借款比例)

變量	預期符號	模型迴歸結果
Totalloan	+	0.007,4* (1.860,0)
Totalloan · GAP	+	0.000,4* (1.670,0)
Tangibility	+	−0.208,9*** (−4.380,0)
Volatility	−	0.002,0 (0.160,0)
NDTS	+	0.416,2*** (5.060,0)
Profitability	−	0.018,5 (0.230,0)
Intangibility	−	0.642,3 (1.090,0)
Year	?	control
Constant	?	0.444,2*** (6.060,0)
R^2−within		0.013,4
−between		0.008,0
−overall		0.016,1
F		4.670,0***
Number of obs		5,769
Number of groups		1,301

註：表中內容為 Fixed-effects (within) regression 的結果，截距項和各變量對應的欄內數據為參數估計值，上行數據為迴歸系數，下行數據為 T 值，「*」「**」「***」分別表示參數檢驗在10%、5%、1%的水平下顯著（雙尾檢驗）。

基於模型（7.2），對假設7.3進行驗證。按照 CCER 數據庫中上市公司年報披露的控股股東類別，我們將國有控股和集體控股作為第一類樣本，將民營、外資、社會團體和職工持股作為第二類樣本，分組採用隨機效應和固定效應兩種方法進行估計。在第一類樣本下，採用兩種方法估計得到的參數方向、解釋變量係數的顯著性水平相同。表7.7中解釋變量（Totalloan · GAP）的係數估計均顯著為負，同預期符號相反，表明信貸規模對長期借款比例的影響受到了行業企業平均收益的成長性的影響，但與本章的假設7.3不符，即在國有和集體企業樣本下行業前景預期反向干擾了信用渠道對企業債務融資的影響。同時，在第二類樣本下，我們發現主要解釋變量的係數估計均不顯著。此結論表明，前景預期對信用渠道的干擾並未發生在國有和集體企業樣本中，反而由於「預算軟約束」的存在，這類企業可能在前景看好時會降低信貸的需求。

表7.7　企業債務融資對平均收益的成長性的迴歸結果

（樣本：國有和集體企業。因變量：長期借款比例）

變量	預期符號	模型迴歸結果
$Totalloan$	+	0.007,8 (1.340,0)
$Totalloan \cdot GAP$	+	$-0.017,7^{***}$ ($-2.670,0$)
$Tangibility$	+	$-0.349,6^{***}$ ($-6.060,0$)
$Volatility$	−	0.000,8 (0.020,0)
$NDTS$	+	$0.839,4^{***}$ (8.510,0)
$Profitability$	−	$-0.054,9$ ($-0.430,0$)

表7.7(續)

變量	預期符號	模型迴歸結果
Intangibility	-	2.492,5*** (4.62)
Year	?	control
Constant	?	0.197,4** (2.290,0)
R^2-within		0.053,0
-between		0.001,6
-overall		0.021,4
F		9.940,0***
Number of obs		3,084
Number of groups		762

註：表中內容為 Fixed-effects (within) regression 的結果，截距項和各變量對應的欄內數據為參數估計值，上行數據為迴歸係數，下行數據為 T 值，「*」「**」「***」分別表示參數檢驗在10%、5%、1%的水平下顯著（雙尾檢驗）。

考慮到上述結論的穩健性，我們依據財務約束理論研究的最新結論[①]，按規模分組（如果公司總資產小於年度行業公司總資產的平均數則屬於小規模企業，否則為大規模企業）採用上文的方法進行了檢驗，結果如表7.8所示。在表7.8中，交叉項的係數顯著為正，表明在小規模企業樣本下行業前景預期確實會影響信用渠道作用的發揮，即前景預期對融資需求的放大引起了信貸政策寬鬆時小規模企業融資決策的激進和長期債務水平的上升。但是信貸規模對長期借款比例的影響與預期不符，即信貸擴張時小企業的信貸可獲得性反而降低，這一定程度上與中國銀企間嚴重的信貸歧視有關，也與葉康濤和祝繼高

---

① Hadlock 和 Pierce（2010）對已有財務約束識別方法的比較和考察表明，依據外部金融環境的變化小規模企業相對大規模企業會敏感的調整其融資方式。

(2009)、曾海艦和蘇冬蔚（2010）的經驗證據一致。同時，我們針對大規模企業的推斷分析表明，信貸規模、平均收益的成長性及他們的交叉項對長期借款比例的解釋均不顯著。

如果諸多的小企業為非國有企業，國有企業更多地為大企業，那麼本章的結論將與表7.7的相關結論一致。現實現狀是，中國的國有企業與非國有企業確實存在規模上的普遍差異。結合表7.7和表7.8的迴歸結果，我們認為國有企業或大企業與非國有企業或中小企業相比較融資約束差異較小，當行業前景預期看好時，融資約束較大的非國有企業或中小企業在信貸政策寬鬆時更容易受到前景預期的影響而放大自己的信貸需求，形成激進的、群體性的債務融資擴充。顯然，行業前景預期對信用渠道的干擾可能主要存在於非國有企業或小企業中，當然我們僅是以較低的「棄真」可能性來做出這一判斷。

表7.8 企業債務融資對平均收益的成長性的迴歸結果
（樣本：小規模企業。因變量：長期借款比例）

變量	預期符號	模型迴歸結果
$Totalloan$	+	-0.009,7 (-1.490,0)
$Totalloan \cdot GAP$	+	0.001,8*** (5.090,0)
$Tangibility$	+	-0.305,2*** (-3.070,0)
$Volatility$	-	0.004,3 (0.190,0)
$NDTS$	+	0.691,8*** (3.860,0)
$Profitability$	-	0.128,2 (0.540,0)

表7.8(續)

變量	預期符號	模型迴歸結果
Intangibility	−	2.344,2** (2.210,0)
Year	?	control
Constant	?	0.874,3*** (5.950,0)
R^2-within		0.027,0
−between		0.025,5
−overall		0.032,5
F		4.680,0***
Number of obs		3,217
Number of groups		1,007

註：表中內容為Fixed-effects（within）regression的結果，截距項和各變量對應的欄內數據為參數估計值，上行數據為迴歸係數，下行數據為T值，「*」「**」「***」分別表示參數檢驗在10%、5%、1%的水平下顯著（雙尾檢驗）。

此外，考慮到在解釋變量的代理變量選擇中可能存在問題，參照葉康濤等（2009）的研究採用央行公布的「銀行家緊縮指數」[1] 替代信貸規模，採用WIND數據庫的年度「預測市盈率（PE）、預測PEG值」替代平均收益的成長性進行了穩健性測試，主要變量的估計結果與本章的假設基本一致。

7.4 本章小結

基於林毅夫（2007，2010）對「潮湧現象」的分析，我們

---

[1] 此處的銀行家緊縮指數定義為，由中國人民銀行和國家統計局共同完成的全國銀行家問卷調查中，選擇貨幣政策「偏緊」的銀行家占比。這與選擇貨幣政策「偏鬆」的銀行家占比在環比變化上呈反向關係。

將行業前景預期納入信貸政策與企業債務融資的主流研究中，考察行業前景預期對中國信貸政策的影響及其在企業債務融資方面的效應。結合中國產業轉型中的「潮湧現象」，我們認為行業前景預期會影響行業信貸政策實踐，進而干擾信用渠道對微觀企業債務融資的影響，最終形成企業債務融資中的行業差異。採用1998—2010年度上市公司的樣本，統計分析2003—2010年度行業企業長期債務融資總額、企業長期債務融資比例與行業企業平均收益的成長性、信貸規模之間的關係，證據表明行業前景預期與信貸資金投向正相關，行業前景預期會強化信貸政策變動與企業債務融資水平間的關係，而且這種強化作用僅僅存在於小規模企業樣本。

鑒於信貸政策與企業債務融資方面的主流研究側重樣本企業產權屬性、信息披露狀況方面的考察，本章關於行業前景預期的證據，補充性地揭示了中國信貸政策變動的經濟實質，有助於區分政策實施中經濟基本面和體制層面的不同影響因子，這對於中國信貸政策的合理解釋具有一定的理論意義。

至於實踐價值，研究將為中國產業轉型的背景下的產業規劃、信貸政策和企業融資決策提供指導。中國的行業政策正如林毅夫所述一定程度上是預期趨同的結果，其中包括企業的一致預期，雖然在「計劃—指令」模式下體制內的國有企業或大規模企業易於控制，但是諸多中小企業的一致性前景預期會引起盲目的行業性過度投資，本章融資決策方面的證據表明中小企業或非國有企業確實存在決策集聚現象，因此在針對新興產業發展的引導中政府部門必須關注企業投、融資的盲目和激進。就信貸政策而言，中國的信貸政策在產業升級中發揮著重要作用，本章的證據表明僅僅符合國家政策方針的銀行信貸實踐可能存在不足。為了合理的引導企業進入具有比較優勢的業務中，銀行還必須就企業（特別是中小企業）的財務狀況及投資方向

結合有關部門進行有效的審查，適當消減融資中的「羊群效應」。只有這樣，才可能保證企業具有一個健康的財務狀況，一定程度上將有利於當下「小微企業財務困境」等問題的解決。關於企業的融資決策，由於融資約束較小且受到國家的嚴格控制，國有企業的融資需求並不會受到前景預期的嚴重干擾，但是，中小企業（或者非國有企業）應該在決策時對財務實力及投資前景做一明確的評估和預測，避免群體性盲從導致的財務困境或破產。

此外，本部分還存在一些局限。研究僅對影響企業資本結構決策的財務特徵進行了適當控制，未對其他影響行業企業信貸資金投向的經營特徵進行具體分析和控制，可能會由於變量遺漏而導致參數估計的偏誤。研究中行業前景預期的代理變量選擇可能存在一定的觀測偏誤，考慮到貨幣政策的時滯，我們選擇年度指標（平均收益的成長性）作為行業前景預期代理變量，雖然從預測角度可行但是仍然為歷史性的財務數據，與真正意義上的行業前景狀況存在差異。於是，本部分框架下的證據收集還需進一步開展。

8 結論和建議

8.1 主要結論

　　為了研究設計的合理與研究工作的可行性，第 3 章首先考察了貨幣政策與企業債務融資的基本關係。經驗證據顯示，貨幣政策工具實施對銀行資產負債的影響，對企業財務狀況及資本結構選擇的影響，均存在時滯。這一結論有助於我們在進一步的企業融資決策經驗研究中合理選擇貨幣渠道與信用渠道方面的政策代理變量，並合理確定樣本的範圍。

　　基於貨幣政策傳導機制對企業資本結構選擇中的貨幣政策效應進行分析，我們認為信用渠道下來自銀行的信貸配給、企業的費用黏性、行業前景預期、證券市場的替代會對貨幣政策的效應產生干擾，這些市場摩擦會導致不同經濟運行期間貨幣政策與企業融資關係的系統性差異。第 4 章至第 7 章的研究結論，可以劃分為以下兩個方面：

（1）貨幣政策與企業融資決策

　　與中國宏觀金融領域的研究結論一致，在中國貨幣政策傳導中，信用渠道發揮著主導作用，同時貨幣渠道的作用不容忽視。

第4章圍繞資本結構選擇的經驗證據表明，信用渠道下的信貸配給是導致經濟運行的不同階段各類企業債務融資差異的基本原因，這一原因即為信息經濟學中的信息不對稱問題。考慮到經濟下行階段中小企業仍然無法在寬鬆的貨幣政策環境中獲得更多的銀行金融支持。

第5章進一步分析了企業治理結構方面的原因，並將費用黏性作為代理問題的經濟後果進行了經驗考察，證據表明源自治理層面的費用黏性確實引起了貨幣政策寬鬆時期企業債務融資水平的下降。

除了以上信息不對稱、代理成本方面的研究，第6章考察了貨幣渠道對信用渠道的替代問題。經驗證據顯示，企業確實會在貨幣政策寬鬆時，發行更多的股票，而並不一定增加債務融資。這一證據符合「貨幣渠道」與「市場擇機」理論的解釋，即貨幣政策寬鬆，股票價格上升，企業股票發行的收益增加。

（2）信貸政策與企業融資決策

雖然貨幣政策與企業融資決策相關聯的上述證據有助於解釋中小企業與大企業資本結構的基本差異，但是鑒於中國行業企業現狀和產業升級中存在的基本融資問題我們有必要從信貸政策方面進行相關問題的考察。

第7章圍繞行業企業產業升級現狀提供了中國信貸政策與企業融資實踐方面的新證據。中國的信貸政策實踐與產業發展實踐相伴而生。從供給角度講，信貸寬鬆與行業企業債務水平應該正相關；從需求角度講，在信貸政策寬鬆時，企業債務融資與行業企業的前景預期及融資需求調整同樣存在必然的正向聯繫。我們的經驗證據顯示，行業前景預期與行業企業的信貸資金需求正相關，特別是當政府不能合理引導企業的前景預期時這一關係尤其明顯。

8.2　主要對策建議

基於貨幣政策傳導機制，對企業融資決策中的貨幣政策效應進行分析與考察。相關結論對企業、銀行與政府的決策具有重要的現實價值。

（1）企業融資決策時必須關注外部的貨幣環境，特別是在商業週期的下行階段。如果在既定金融體制下，中小企業遭受的信貸歧視短期內難以改觀，那麼中小企業或相關企業所面臨的這一融資約束就應該受到高度的重視。企業在其財務預警中應該將外部的貨幣環境作為關鍵變量，使得預算與管理受融資決策的影響降到合理的範圍內。特別是在經濟衰退期間，由於企業價值鏈各個環節會共生性地出現瘀結，供應商對商業信用供給的降低、顧客對市場交易量的減少均會引起企業現金流管理彈性的下降，這要求相關企業必須理性考察現金—現金流的敏感性，充分考察各個融資渠道與融資方式的變動，進而在當下的融資決策中做出風險最小化的判斷。

（2）銀行在信貸決策中應該關注企業的信息披露狀況，而不僅僅是「抵押價值等」事後違約補償能力方面的狀況。作為企業的出資人之一，銀行對其資金收益與風險的關注歷來是企業融資決策研究的基本點。但是傳統的資本結構研究更多地從企業價值角度考察銀行收益的可能性，作為有效市場假定下的企業價值最大化分析，這是一個可行而合理的路徑。然而，在金融市場摩擦普遍存在，特別是在中國特定的金融體制下，對金融風險的關注顯得尤其必要和緊迫。經驗證據顯示，信息不對稱下信貸歧視普遍存在。為了減少信息不對稱，優化金融資源的配置，這要求銀行必須將通過企業信息收集、共享以實現

銀企合約的有效簽訂。這一工作中，關注企業的信息披露狀況，合理構建信息交流平臺成為了今後的必然之舉。

（3）政府應該優化證券市場的進入和退出制度，使得信貸市場出現困境時企業可以通過另一渠道（證券市場）進行「擇機性」融資。如果不寄希望於短期的金融體制改革，那麼政府監管中的操作就顯得尤其重要。證據表明，金融市場中企業從事著替代性的消費（資金需求），銀行債務融資困難時，公眾股票融資成為另一融資方式，即在中國這一混合經濟體制下基本的市場規律在金融市場中是存在的。如果政府本是社會剩餘最大化的宗旨進行市場干預，那麼在信貸市場出現問題時，培育一個企業可以進入和退出的證券市場就成為政府的第一要務，這要求政府在今後的可預期的時段內必須加快寬進、嚴出的證券市場改革，尊重法治、合理推出審批、積極進行引導，以培育一個競爭性的證券市場。

（4）在產業升級中，政府應該引導企業形成適當的行業前景預期，避免群體性盲從引起融資需求過度，以致在政策寬鬆時導致融資過剩。在短期內，中國政府的優越性在於可以快速地管控國有企業及相關企業，在預算科學的情況下可以實現資源的合理配置。然而，中小企業在局部競爭的市場中的激進與盲從可能會降低政府管控國有企業的效果和落空政府治理社會經濟的意願。證據表明，產業發展中的「前景預期趨同」現狀，金融寬鬆時企業融資需求中的「群體盲從」現象均可能會出現於缺乏引導的中小企業。因此，在今後的可預期的時段內政府必須將自身的精力從國有企業中轉移一部分，站好服務於整個經濟面的「看門狗」這班崗，為更多的市場主體服務。

參考文獻

[1] Alchian, A. and Demsetz, H., Production, Information Costs, and Economic Organization [J]. American Economic Review, 1972, 62 (5): 777-795.

[2] Anderson, M. C., Banker, R. D. and Janakiraman, S. N., Are Selling, General, and Administrative Costs 『Sticky』? [J]. Journal of Accounting Research, 2003, 41 (1): 47-63.

[3] Ayyagari, M., DemirgÜç-Kunt, A. and Maksimovic, V., Formal versus Informal Finance: Evidence from China [J]. The Review of Financial Studies, 2010, 23: 3048-3097.

[4] Baker, M. and Wurgler, J., Market Timing and Capital Structure [J]. Journal of Finance, 2002, 57 (1): 1-32.

Berger, A. N., Saunders, A., Scalise, J. M. and Udell, G. F., The Effects of Bank Mergers and Acquisitions on Small Business Lending [J]. Journal of Financial Economics, 1998, 50: 187-229.

[5] Berger, P. G., Ofek, E. and Yermack, D. L., Managerial Entrenchment and Capital Structure Decisions [J]. Journal of Finance, 1997, 50 (6): 1411-1438.

[6] Bernanke, B. and Blinder, A., The Federal Funds Rate and the Channels of Monetary Transmission [J]. American Economic

Review, 1992, 82 (4): 901-921.

[7] Bernanke, B. and Blinder, A., Credit, Money and Aggregate Demand [J]. American Economic Review, 1988, 78 (2): 435-439.

[8] Bernanke, B. and Gertler, M., Agency Costs, Net Worth and Business Fluctuations [J]. American Economic Review, 1989, 79: 14-31.

[9] Bernanke, B. and Gertler, M., Inside the Black Box: The Credit Channel of Monetary Policy Transmission [J]. Journal of Economics Perspectives, 1995, 9 (6): 27-48.

[10] Bernstein, L A. and Wild, John J., Financial Statement Analysis: Theory, Application, and Interpretation [M]. New York: Irwin McGraw-Hill, 1998.

[11] Bradley, M., Jarrell, G. and Kim, E. H., On the Existence of an Optimal Capital Structure: Theory and Evidence [J]. Journal of Finance, 1984, 39 (3): 857-878.

[12] Calomiris, C. W., Himmelberg, C. P. and Wachtel, P., Commercial Paper, Corporate Finance and The Business Cycle: A Microeconomic Perspective [J]. Carnegie-Rochester Conference Series on Public Policy, 1995, 42: 203-250.

[13] Chava, S., Livdan, D. and Purnanandam, A., Do Shareholder Rights Affect the Cost of Bank Loans? [J]. The Review of Financial Studies, 2009, 22 (8): 2973-3004.

[14] Chen, H., Macroeconomic Conditions and the Puzzles of Credit Spreads and Capital Structure [J]. Journal of Finance, 2010, 65: 2171-2212.

[15] Choe, H., Masulis, R. W. and Nanda, V., Common Stock Offerings across The Business Cycle [J]. Journal of Empirical Finance, 1993, 1 (2): 3-31.

[16] Christiano, L. J., Gust, C. and Roldos, J., Monetary Policy in an International Financial Crisis, 2002, working paper.

[17] Cover, J., Asymmetric Effects of Positive and Negative Money Supply Shocks [J]. Quarterly Journal of Economics, 1992, 107: 1261-1282.

[18] DeAngelo, H. and Masulis, R. W., Optimal Capital Structure Under Corporate and Personal Taxation [J]. Journal of Financial Economics, 1980, 8: 3-30.

[19] Djankov, S., La Porta, R., Lopez-de-Silanes, F. and Shleifer, A., The Law and Economics of Self-dealing [J]. Journal of Financial Economics, 2008, 88: 430-460.

[20] Fama, E. F., Contract Costs and Financing Decisions [J]. Journal of Business, 1990, 63 (1): 71-91.

[21] Fama, E. F. and French K. R., Financing Decisions: Who issues stock? [J]. Journal of Financial Economics, 2005, 76 (3): 549-582.

[22] Fama, E. F. and Jensen, M. C., Separation of Ownership and Control [J]. Journal of Law and Economics, 1983, 26 (2): 301-325.

[23] Faulkender, M. and Petersen, M. A., Does The Source of Capital Affect Capital Structure? [J]. Review of Finance Studies, 2006, 19 (1): 45-79.

[24] Fazzari, S. M., Hubbard, R. G. and Petersen, B. P., Financing Constraints and Investment, Brookings Papers on Economic Activity, 1988, 1: 141-95.

[25] Galai, D. and Masulis, R., The Option Pricing Model and the Risk Factor of Stock [J]. Journal of Financial Economics, 1976, 3 (3): 53-81.

[26] Gertler, M. and Gilchrist, S., The Role of Credit Market Imperfections in The Monetary Transmission Mechanism: arguments and evidence [J]. Scandinavian Journal of Economics, 1993, 95 (4): 43-63.

[27] Gertler, M. and Gilchrist, S., Monetary policy, Business Cycles, and The Behavior of Small Manufacturing Firms [J]. Quarterly Journal of Economics, 1994, 109 (2): 309-340.

[28] Gilson, S. C., Management Turnover and Financial Distress[J]. Journal of Financial Economy, 1989, 5(1): 241-262.

[29] Gilson, S. C., John, k. and Lang, L. H. P.. Troubled Debt Restructurings: An Empirical Study of Private Reorganization of Firms in Default [J]. Journal of Financial Economics, 1990, 27: 315-353.

[30] Gompers, P., Ishii, J. L. and Metrick, A., Corporate Governance and Equity Prices [J]. Quarterly Journal of Economics, 2003, 118 (2): 107 – 55.

[31] Graham, J. R. and Harvey, C. R., The Theory and Practice of Corporate Finance: Evidence from The Field [J]. Journal of Financial Economics, 2001, 60 (2): 187-243.

[32] Grossman, S. J. and Hart, O., Analysis of the Principal Agent Problem [J]. Econometrica, 1982, 51 (3): 7-45

[33] Hackbarth, D., Miao, J. and Morellec, E., Capital Structure, Credit Risk, and Macroeconomic Conditions [J]. Journal of Financial Economics, 2006, 82: 519-550.

[34] Hadlock, C. J. and Pierce, J. R., New Evidence on Measuring Financial Constraints: Moving beyond the KZ Index [J]. Review of Financial Studies, 2010, 23 (5): 909-40.

[35] Haugen, R. A. and Senbet, L. W., The Insignificance of

Bankruptcy Costs in the Theory of Optimal Capital Structure [J]. Journal of Finance, 1978, 33: 383-393.

[36] Hennessy, C. A. and Whited, T. M., How Costly Is External Financing? Evidence from a Structural Estimation [J]. Journal of Finance, 2007, 62: 1705-1745.

[37] Holmstrom, B., and Tirole, J., Financial Intermediation, Loanable Funds, and The Real Sector [J]. Quarterly Journal of Economics, 1997, 112: 663-691.

[38] Hovakimian, A., Opler, T. and Titman, S., The Debt Equity Choice [J]. Journal of Financial and Quantitative Analysis, 2001, 36: 1-24.

[39] Jaffee, D. M. and Russell, T., Imperfect Information, Uncertainty and Credit Rationing [J]. Quarterly Journal of Economics, 1976, 90: 651-666.

[40] James, B. and Lewis, T., Oligopoly and Financial Structure: the Limited Liability Effect [J]. American Economic Review, 1986, 76: 956-970.

[41] Jensen, M. C. and Meckling, W. H., Theory of The Firm: Managerial Behavior, Agency Costs and Ownership Structure [J]. Journal of Financial Economics, 1976, 3 (10): 305-360.

[42] Kaplan, S. N. and Zingales, L., Do Investment-Cash Flow Sensitivities Provide Useful Measures of Financial Constraints? [J]. Quarterly Journal of Economics, 1997, 112 (1): 159-216.

[43] Kashyap, A. K., Stein, J. C. and Wilcox, D. W., Monetary Policy and Credit Conditions: Evidence from the Composition of External Finance [J]. American Economic Review, 1993, 83 (1): 78-98.

[44] Kiyotaki, N. and Moore, J., Credit Cycles [J]. Journal

of Political Economy, 1997, 105 (2): 211-248.

[45] Korajczyk, R. A. and Levy, A., Capital Structure Choice: Macroeconomic Conditions and Financial Constraints [J]. Journal of Financial Economics, 2003, 68 (1): 75-109.

[46] Lamont, O., Polk, C., and Saa-Requejo, J., Financial Constraints and Stock Returns [J]. Review of Financial Studies, 2001, 14: 529-554.

[47] La Porta, R., Lopez-de-Silanes, F., Shleifer, A. and Vishny, R., Investor Protection and Corporate Valuation [J]. Journal of Finance, 2002, 57 (2): 1147-1170.

[48] Leary, M. T. and Roberts, M. R., Do Firms Rebalance Their Capital Structures? [J]. Journal of Finance, 2005, 60: 2575-2620.

[49] Leary, M. T., Bank Loan Supply, Lender Choice, and Corporate Capital Structure [J]. Journal of Finance, 2009, 64 (3): 1143-1185.

[50] Leland, H. E., Corporate Debt Value, Bond Covenants, and Optimal Capital Structure [J]. Journal of Finance, 1994, 49: 1213-1252.

[51] Levy, A., Why Does Capital Structure Choice Vary with Macroeconomic Conditions?, Unpublished working paper, 2001, Haas School of Business, U. C. Berkeley.

[52] Levy, A. and Hennessy, C., Why does Capital Structure Choice Vary with Macroeconomic Conditions? [J]. Journal of Monetary Economics, 2007, 54: 1545-1564.

[53] Lucas, D. J. and McDonald, R. L., Equity issues and stock price dynamics [J]. Journal of Finance, 1990, 45 (4): 1019-1043.

[54] McConnell, J. and Servaes, H., Additional Evidence on Equity Ownership and Corporate value [J]. Journal of Financial Eco-

nomics, 1990, 27 (1): 595-613.

[55] Messier, W., Auditing and Assurance Services: A Systematic Approach [M]. New York: Irwin McGraw-Hill, 2000.

[56] Miller, M., Debt and Taxes [J]. Journal of Finance, 1977, 32: 261-276.

[57] Mintz, S., Unsnarling SG&A Costs Requires Constant Vigilance and a Grip on Complexity [J]. CFO Magazine, 1999, 15 (5): 44-53.

[58] Mishkin, F. S., Symposium on the Monetary Transmission Mechanism [J]. Journal of Economic Perspectives, 1995, 9 (4): 3-10.

[59] Modigliani, F. and Miller, M., The Cost of Capital, Corporation Finance and The Theory of Investment [J]. American Economic Review, 1958, 48 (3): 261-297.

[60] Modigliani, F. and Miller, M., Corporate Income Taxes and the Cost of Capital [J]. American Economic Review, 1963, 53: 433-443.

[61] Morck, R., Shleifer, A. and Vishny, R., Management Ownership and Market Valuation: an Empirical Analysis [J]. Journal of Financial Economics, 1988, 20 (3): 293-315.

[62] Myers, S., Determinants of Corporate Borrowing [J]. Journal of Financial Economics, 1977, 9 (2): 147-76.

[63] Romer, C. D. and Romer, D. H., New Evidence on The Monetary Transmission Mechanism, Brookings Papers on Economic Activity, 1990, 1: 149-214.

[64] Roosa R., Interest Rates and the Central Bank in Money, Trade, and Economic Growth, Essays in Honor of John H. Williams, Published by MacMillan, 1951: 270-295.

[65] Schwartz, E. and Aronson, J. R., Some Surrogate

Evidence in Support of the Concept of Optimal Financial Structure [J]. Journal of Finance, 1967, 22 (1): 10-18.

[66] Showalter, D., Oligopoly and Financial Structure: Comment [J]. American Economic Review, 1995, 85 (3): 647-653.

[67] Smith, Jr., Clifford, W. and Warner, J. B., On Financial Contracting: An Analysis of Bond Covenants [J]. Journal of Financial Economics, 1979, 7: 117-161.

[68] Stiglitz, J. E. A., Reexamination of the Modigliani-Miller Theorem [J]. American Economic Review, 1969, 54: 784-793.

[69] Stiglitz, J. E. and Weiss, A., Credit Rationing in Markets with Imperfect Information [J]. American Economic Review, 1981, 71 (3): 393-410.

[70] Titman, S., The Modigliani and Miller Theorem and The Integration of Financial Markets [J]. Financial Management, 2002, 31 (1): 101-115.

[71] Titman, S. and Wessels, R., The Determinants of Capital Structure Choice [J]. Journal of Finance, 1998, 43 (1): 1-19.

[72] Tobin, J. and Brainard, W. C., Financial Intermediaries and The Effectiveness of Monetary Controls [J]. The American Economic Review, 1963, 53: 383-400.

[73] Whited, T. and Wu, G.., Financial Constraints Risk [J]. Review of Financial Studies, 2006, 19: 531-59.

[74] 鮑勃·瑞安, 羅伯特·W. 斯卡彭斯, 邁克爾·西奧博爾德. 財務與會計研究: 方法與方法論 [M]. 2 版. 閻達五, 等, 譯. 北京: 機械工業出版社, 2004.

[75] 才靜涵, 劉紅忠. 市場擇時理論與中國市場的資本結構 [J]. 經濟科學, 2006 (4): 59-69.

[76] 方軍雄.所有制、制度環境與信貸資金配置 [J].經濟研究,2007 (12):82-92.

[77] 馮根福,吳林江,劉世彥.中國上市公司資本結構形成的影響因素分析 [J].經濟學家,2000 (5):59-66.

[78] 馮科.中國貨幣政策有效性的實證研究 [M].北京:中國發展出版社,2010.

[79] 格利,肖.金融理論中的貨幣 [M].2版.貝多廣,譯.上海:格致出版社,上海三聯出版社,上海人民出版社,2006.

[80] 賀強,等.中國金融改革中的貨幣政策與金融監管 [M].北京:中國金融出版社,2008.

[81] 黃輝.制度導向、宏觀經濟環境與企業資本結構調整——基於中國上市企業的經驗證據 [J].管理評論,2009,21 (3):10-18.

[82] 姜國華,饒品貴.宏觀經濟政策與微觀企業行為——拓展會計與財務研究新領域 [J].會計研究,2011 (3):9-18.

[83] 蔣厚棟.中國貨幣政策資產價格傳導機制研究——以房地產價格為例 [J].世界經濟情況,2010 (2).

[84] 蔣科.中國貨幣政策傳導渠道實證分析:1998—2008 [J].世界經濟情況,2009 (3).

[85] 蔣瑛琨,劉豔武,趙振全.貨幣渠道與信用渠道傳導機制有效性的實證分析 [J].金融研究,2005 (5):70-79.

[86] 金俐.信貸配給論——制度分析 [M].上海:上海財經大學出版社,2006.

[87] 李斌.中國貨幣政策有效性的實證研究 [J].金融研究,2001 (7).

[88] 李心合.財務管理學的困境與出路 [J].會計研究,2006 (7):32-38.

[89] 李心合. 資產負債表的危機、傳導與修復 [J]. 財務與會計：理財版, 2010 (2)：20-21.

[90] 李心合. 會計的新職能與陰態財務學的新構造 [J]. 財務與會計, 2009 (6)：61-63.

[91] 李揚. 完善有效實施從緊貨幣政策的體制機制 [J]. 中國金融, 2008 (1)：24-26.

[92] 李揚. 試析「從緊的貨幣政策」[J]. 中國金融, 2008 (1).

[93] 李揚, 等. 新中國金融60年 [M]. 北京：中國財政經濟出版社, 2009.

[94] 林毅夫. 潮湧現象與發展中國家宏觀經濟理論的重新構建 [J]. 經濟研究, 2007 (1)：126-131.

[95] 林毅夫, 巫和懋, 邢亦青.「潮湧現象」與產能過剩的形成機制 [J]. 經濟研究, 2010 (10)：4-19.

[96] 劉金全. 貨幣政策的有效性和非對稱性研究 [J]. 管理世界, 2002 (3).

[97] 劉敏, 丁德科. 創新中國中小企業貸款模式的對策研究 [J]. 管理世界, 2010 (8).

[98] 劉民權, 徐忠, 趙英濤. 商業信用研究綜述 [J]. 世界經濟, 2004 (1).

[99] 劉樹成, 張連城, 張平. 中國經濟增長與經濟週期 [M]. 北京：中國經濟出版社, 2009.

[100] 陸前進, 盧慶杰. 中國貨幣政策傳導機制研究 [M]. 上海：立信會計出版社, 2006.

[101] 陸前進, 盧慶杰. 中國貨幣政策信貸傳導渠道的有效性分析 [J]. 南大商學評論, 2007 (1).

[102] 陸正飛, 祝繼高, 樊錚. 銀根緊縮、信貸歧視與民營上市公司投資者利益損失 [J]. 管理世界, 2009 (8)：124-136.

[103] 陸正飛, 祝繼高, 孫便霞. 盈餘管理、會計信息與銀行債務契約 [J]. 管理世界, 2008 (3): 152-158.

[104] 陸正飛, 葉康濤. 中國上市公司股權融資偏好解析——偏好股權融資就是緣於融資成本低嗎？[J]. 經濟研究, 2004 (4): 50-59.

[105] 馬勇, 楊棟, 陳雨露. 信貸擴張、監管錯配與金融危機：跨國實證 [J]. 經濟研究, 2009 (12).

[106] 米什金. 貨幣金融學 [M]. 8版. 北京：清華大學出版社, 2009.

[107] 盛松成, 吳培新. 中國貨幣政策的二元傳導機制——「兩仲介目標, 兩調控對象」模式研究 [J]. 經濟研究, 2008 (10): 38-52.

[108] 蘇冬蔚, 曾海艦. 宏觀經濟因素與企業資本結構變動 [J]. 經濟研究, 2009 (12): 52-65.

[109] 索彥峰, 範從來. 貨幣政策能夠影響貸款供給嗎？——來自銀行資產組合行為的經驗證據 [J]. 經濟科學, 2007 (6): 57-65.

[110] 孫錚, 劉浩. 中國上市公司費用「粘性」行為研究 [J]. 經濟研究, 2004 (12): 26-34.

[111] 孫錚, 劉鳳委, 李增泉. 市場化程度、政府干預與企業債務期限結構 [J]. 經濟研究, 2005 (5): 52-63.

[112] 唐國正, 劉力. 利率管制對中國上市企業資本結構的影響 [J]. 管理世界, 2005 (1): 50-58.

[113] 田利輝. 制度變遷、銀企關係和扭曲的槓桿治理 [J]. 經濟學（季刊）, 2005 (4).

[114] 王國松. 通貨緊縮下中國貨幣政策傳導的信用渠道實證分析 [J]. 統計研究, 2004 (5): 6-11.

[115] 王國松. 股價與通脹、貨幣政策之間關係的國外研究

述評 [J]. 當代經濟管理, 2011, 33 (6): 76-80.

[116] 王虎, 王宇偉, 範從來. 股票價格具有貨幣政策指示器功能嗎 [J]. 金融研究, 2008 (6): 94-108.

[117] 王正位. 股票市場摩擦與公司資本結構: 模型、模擬與實證 [D]. 北京: 清華大學, 2009.

[118] 王正位, 趙冬青, 朱武祥. 資本市場摩擦與資本結構調整——來自中國上市企業的證據 [J]. 金融研究, 2007 (6): 109-119.

[119] 威廉·L. 麥金森. 公司財務理論 [M]. 大連: 東北財經大學出版社, 2002, 6.

[120] 魏明海, 程敏英, 鄭國堅. 從股權結構到股東關係 [J]. 會計研究, 2011 (1): 54-62.

[121] 溫忠麟, 張雷, 侯杰泰, 等. 仲介效應檢驗程序及其應用 [J]. 心理學報, 2004, 36 (5): 614-620.

[122] 夏斌. 2005年貨幣政策會偏緊 [J]. 金融經濟, 2005(1).

[123] 夏新平, 餘明桂, 汪宜霞. 中國股票市場的貨幣政策傳導功能的實證研究 [J]. 南大商學評論, 2005, 5 (2): 116-134.

[124] 肖作平. 資本結構影響因素和雙向效應動態模型——來自中國上市公司面板數據的證據 [J]. 會計研究, 2004 (2): 36-41.

[125] 楊小軍. 中國貨幣政策傳導的行業效應研究 [J]. 上海財經大學學報: 哲學社會科學版, 2010, 12 (4): 50-57.

[126] 楊子暉. 財政政策與貨幣政策對私人投資的影響研究 [J]. 經濟研究, 2008 (5): 81-93.

[127] 姚立杰, 羅玫, 夏冬林. 公司治理與銀行借款融資 [J]. 會計研究, 2010 (8): 55-61.

[128] 葉康濤, 祝繼高. 銀根緊縮與信貸資源配置 [J]. 管理世界, 2009 (1): 22-28.

[129] 葉文添. 光伏惡循環 [N]. 中國經營報, 2012-05-14.

[130] 易綱, 王召. 貨幣政策與金融資產價格 [J]. 經濟研究, 2002 (3): 13-20.

[131] 俞建拖, 劉民權, 趙英濤. 中小企業融資研究綜述 [J]. 中國金融學, 2006, 11.

[132] 餘明桂, 夏新平, 鄒振松. 管理者過度自信與企業激進負債行為 [J]. 管理世界, 2006 (8): 104-112.

[133] 曾海艦, 蘇冬蔚. 信貸政策與公司資本結構 [J]. 世界經濟, 2010 (8): 17-42.

[134] 趙冬青, 朱武祥, 王正位. 宏觀調控與房地產上市企業資本結構調整 [J]. 金融研究, 2008 (10).

[135] 張杰. 中國金融制度的結構與變遷 [M]. 北京: 中國人民大學出版社, 2011.

[136] 張五常. 中國的經濟制度 [M]. 北京: 中信出版社, 2009.

[137] 周暉. 貨幣政策、股票資產價格與經濟增長 [J]. 金融研究, 2010 (2): 91-101.

[138] 周業安. 金融市場的制度與結構 [M]. 北京: 中國人民大學出版社, 2005.

[139] 周英章, 蔣振聲. 貨幣渠道、信用渠道與貨幣政策有效性——中國1993—2001年的實證分析和政策含義 [J]. 金融研究, 2002 (9): 34-43.

[140] 祝繼高, 陸正飛. 貨幣政策、企業成長與現金持有水平變化 [J]. 管理世界, 2009 (3): 152-158.

[141] 朱紫雲. 銀監會強制「綠化」銀行信貸 [N]. 中國經營報, 2012-05-21 (A7).

致　　謝

　　學習本是無止境的事情，現在回顧博士階段的學習，覺得應該感謝人的很多，碩士階段的，學士階段的，以及身邊的親人與朋友。但是，在此又能說些什麼？記得在《圍城》的序中，錢鐘書談道：致謝如魔術家手中的飛刀，看是出了手，其實還是在他的手中，說的更多的是作者渲染自己的話。

　　可是，還是要對此刻浮現於腦海中的南京大學的老師、學友表達謝意，以作為自己今後繼續學習的動力和鞭策。李心合老師是我的恩師，無論是旁聽、遠觀，還是在教學中的交流與互動，老師的言行都是我學習的標杆。記得李老師面談財務學科框架時講到：「在做理論研究時對假設的界定是第一位的，目前財務理論認識與研究上的混淆即源於基本假設的混淆。」李老師不僅在學問上科學而嚴謹，在日常的生活中更顯洗練、睿智、通達。他喜歡將邏輯化的東西給予故事化的表達……這些將深深地影響著我今後的學習生活。楊雄勝老師是我的另一位授業導師，也是我們2009級會計班全體同學的導師。他的「方法論」講授、「內部控制理論」解讀無不體現會計名家的風采，強調傳承，注重創新，更倡導綜合；在我們的學習、生活方面，楊老師更是一直以來為同學們營造著「展示精神、交流思想」的多層次平臺。此外，南京大學的張朝宓、王躍堂、馮巧根、

蘇文兵、陳冬華、張娟、王兵、俞欣等老師也給予我知識傳授和學習鼓勵。趙衛斌同學是我的同窗好友，亦是我的又一個老師。他有的是「學問」者必須而又難得的「行為規範化」，有的是「比學趕幫超」中真正難得一見的「幫」，得益於他的太多，在此只得投出手中的飛刀，說句謝謝。當然，2009級新夫的「篤學」、張聖利的「明德」、胡蘇和高輝的「經世」、程柯和蔣德權的「致用」，均是我今後學習與生活的精神動力。不能忘記的還有2009級會計博士專業「五朵金花」的才思和睿智，……在此還特別感謝師姐、師兄、師妹、師弟們的幫助和關心，他們是2006級的逄咏梅、李蕓達、王燁，2007級的崔秀梅、高漢祥、何世文，2008級的雒敏、吳星澤，2009級的葉玲，2010級的王亞星、朱雁春，2011級的張春景、蔡蕾，2012級的楊紅豔、吳曉霞、張淑英。

此外，還要向南京理工大學的溫素彬老師，江蘇科技大學的吳君民、沈志蓉等老師表示謝意，他們也給予了我太多的知識傳授和學習鼓勵。

在此，希望我和我愛的人在今後的學習、生活中快樂前行。記得《喬布斯傳》的封面有這樣一句——「活著就是為了改變世界」，相信世界會因為我們而更加精彩。

馬文超

2015年6月

國家圖書館出版品預行編目(CIP)資料

中國貨幣政策對企業融資決策的影響：基於貨幣政策傳導機制的分析與檢驗 / 馬文超著. -- 第一版.
-- 臺北市：崧博出版：財經錢線文化發行, 2018.10
　面；　公分

ISBN 978-957-735-601-7(平裝)

1.貨幣政策 2.融資 3.中國

561.18　　　107017320

書　　名：中國貨幣政策對企業融資決策的影響：基於貨幣政策傳導機制的分析與檢驗
作　　者：馬文超 著
發 行 人：黃振庭
出 版 者：崧博出版事業有限公司
發 行 者：財經錢線文化事業有限公司
E-mail：sonbookservice@gmail.com
粉絲頁　　　　　　　網　　址：
地　　址：台北市中正區延平南路六十一號五樓一室
8F.-815, No.61, Sec. 1, Chongqing S. Rd., Zhongzheng Dist., Taipei City 100, Taiwan (R.O.C.)
電　　話：(02)2370-3310　傳　真：(02) 2370-3210
總 經 銷：紅螞蟻圖書有限公司
地　　址：台北市內湖區舊宗路二段 121 巷 19 號
電　　話：02-2795-3656　傳真：02-2795-4100　網址：
印　　刷：京峯彩色印刷有限公司（京峰數位）

　　本書版權為西南財經大學出版社所有授權崧博出版事業有限公司獨家發行電子書及繁體書繁體版。若有其他相關權利及授權需求請與本公司聯繫。

定價：350元

發行日期：2018 年 10 月第一版

◎ 本書以POD印製發行